철학
깡패

사소하지만
사소하지 않은 생각에
시비를 걸다

철학 강패

노야 시게키 지음
김경원 옮김

갈라파고스

※일러두기

· 본문에 나오는 그림은 저자가 그린 것이다.

· 장이 끝날 때마다 나오는 철학자 정보는 편집부에서 추가한 것이다.

추천의 글

철학하는 즐거움을 느끼게 해주는 책

구글의 인공지능 의학 프로그램 왓슨의 진단은 어지간한 의사들보다 정확하다. 2017년, 바둑판에서 세계 1위인 중국의 커제는 알파고에게 단 한 번도 이기지 못했다. 21세기는 위기의 시대다. 환경 파괴, 자원 고갈을 넘어, 이제는 인간 존재 자체까지도 벼랑 끝으로 내몰리고 있다. 인간은 이제 육체뿐 아니라 정신의 영역에서도 기계보다 못한 존재로 추락하고 있다. 인간이 존엄하다는 주장은 언제까지 통할 수 있을까? 인간은 이제 곧 '만물의 영장'이라는 지위에서 내몰리지는 않을까?

이 책은 이런 불안을 해결해주는 책이다. 지은이인 도쿄대 교수 노야 시게키는 고답적인 철학의 물음들을 다룬다. 심리철학의 심신 문제(Mind-body problem), 인식론적 회의주의, 자유

의지와 결정론의 문제 등등, 대부분의 사람들은 듣기만 해도 머리 아픈 주제들이다.

하지만 지은이는 철학의 오래된 물음들을 우리의 절실함에 맞추어 흥미진진하게 풀어낸다. 첫 장인 "의식과 실재와 타자" 단원을 예로 들어보자. 만약 인간의 표정과 감정 표현을 100퍼센트 완벽하게 실현할 수 있는 장치가 있다면 어떨까? 이런 기계는 인간 심리 상담까지 할 수 있지 않을까?

물론 그럴 수도 있다. 하지만 인간에게는 기계가 대신할 수 없는 모습이 여전히 남아 있다. 만약 당신의 표정과 감정 표현을 완벽하게 해내는 기계로 그대를 대체한다면, 당신은 기꺼이 그러라고 고개를 끄덕일 것인가? 이 물음에 그렇게 하겠다고 말할 이들은 많지 않다. 기계가 우리처럼 말과 행동을 완벽하게 하는 듯 보인다 해도, 기계 속에 우리와 같은 '내면의 정신'이 있는지는 확인할 수 없기 때문이다. 즉 기계가 인간의 모든 행동을 대신한다 해도, 그 속에 사람과 같은 영혼이 들어 있다고 말하기는 어렵다.

인간의 자유도 마찬가지다. 발달한 뇌 과학은 이제 마음의 병조차도 감기 치료하듯 약으로 고치는 수준에 이르렀다. MRI 같은 장비들은 아예 뇌의 움직임을 실시간으로 관찰하기까지 한다. 이렇듯 모든 것을 물질 법칙으로 설명하고 다룰 수 있다면, 정신의 자유는 의미 없는 것일까?

여기에 대해서도 이제 인간의 자유 따위는 가치 없다고 선언할 이들은 거의 없을 듯싶다. 철학자 칸트에 따르면, 자유와 영혼, 신(神)과 같은 것들은 있는지 없는지 증명할 수 없다. 그럼에도 인간 사회가 굴러가기 위해서는 반드시 있다고 '가정'해야 한다고 힘주어 말한다. 이 책을 따라가다 보면, 독자들은 칸트의 주장에 고개를 주억거리게 될 것이다. 의식(정신), 기억과 시간, 언어와 의지, 자유 등등, 책이 밝히려는 주제 가운데 확실하게 무엇인지가 밝혀지는 것은 하나도 없다. 그럴수록 독자들은 인간의 삶에는 과학이 밝혀낼 수 없는 깊은 의미와 가치가 있음을 깨닫게 될 것이다. 이 점에서 이 책은 점점 위축되어가는 인간 존재의 소중함을 일깨워주는 좋은 책이다.

나아가 이 책은 철학함을 오롯이 즐기게 한다. 운동은 힘들다. 그러나 땀 흘리며 근육을 키우다 보면 뿌듯한 상쾌함이 찾아들곤 한다. 철학도 다르지 않다. 철학은 논리의 학문이다. 정교한 논증을 따라가기란 버겁고 힘들다. 하지만 책의 등장인물들이 펼치는 대화를 한 단계씩 따라가다 보면 생각하는 힘이 한껏 자라나는 기쁨을 느낄 것이다.

철학함은 생각의 깊이를 틔우는 '정신의 운동(Mental Gymnastic)'이다. 때문에 엘리트들의 교육에 있어 철학은 필수 교양으로 손꼽혀 왔다. 이 책은 철학의 유용함과 가치를 제대로 느끼게 해준다. 플라톤의 저술들은 등장인물들끼리의 대화로 이루어져 있다. 쉬운 말로 흥미진진하게 이야기를 펼쳐나가지만, 그 대화의 깊이는 결코 가볍지 않다. 이 책도 다르지 않다. 쉽고 일상적인 사례를 들어 세상과 인간 삶의 근원적인 문제에까지 생각을 이끌어 간다는 점에서, 이 책은 플라톤의 〈대화〉들에 견줄만한 책이다. 신산스러운 현재와 불안한 미래 때문에 힘들다면, 얄팍한 지식보다 삶을 제대로 살게 해주는 지혜를 간절히 원한다면, 이 책을 꼭 읽어보라고 권하고 싶다. 철학은 영혼의 힘을 키워 삶과 세상에 대한 혜안으로 이끄는 '정신의 운동'임을 깨닫게 될 것이다.

2017년 7월
안광복(중동고 철학교사, 철학박사,
『처음 읽는 서양 철학사』 저자)

철학을 상상하다

철학의 수수께끼는 마치 모래알처럼 사방에 잔뜩 널려 있다. 우리는 별 생각 없이 '시간은 흐른다'고 말하지만, 도대체 무엇이 어디를 어떻게 흘러간다는 것일까? 흘러가는 '시간'이라고 할 만한 무언가가 있지는 않다. 시간은 진정 흐를 수 있을까? 낙엽이 너울너울 떨어진다. 아니, 그렇지 않다. 오히려 낙엽이 '너울너울 내려앉는다'고 해야 하는 것이 아닐까? 낙엽이 떨어지는 것이 낙엽의 행위가 아니라고 어떻게 말할 수 있을까? 나무 한 그루가 보인다. 그런데 정말 거기에 있는 나무의 모습을 보고 있는 것일까? 만약 그렇지 않다면 어떻게 해야 실제로 존재하는 나무에 도달할 수 있을까? 나는 또 혼잡한 인파 속에서 모든 사람들이 세상을 향해 자기만의 시선을 던지는 것이 당혹스럽다. 그들 한 사람 한 사람은 세상을 각각 어떻게 보고 있는 것일까? 어느 날 어떤 사람이 내게 말을 건넨다. 난 그 사람이 하는 말의 의미를 정확하게 이해하고 있는 것일까? 아니, 애초에 언어에 의미가 있다는 것은 어떤 뜻일까? 이렇게 일상을 하나하나 들추다보면 눈앞에 널려 있는 철학의 수수께끼가 하나씩 모습을 드러낸다.

동시에 그것은 눈에 보이지 않는 수수께끼다. '시간'도 '행위'도 '지각'도 '의미'도, 보통 때는 이런 수수께끼 같은 모습을 숨기고 있다. 그렇기 때문에 우리는 스스로 느끼는 것보다 훨씬 혼란스러워 하고 있지는 않을까? 아마 우리가 갖고 있는 개념들은 서로 딱 들어맞지 않을 것이다. 몇몇 개념과 관점이 아귀가 잘 맞지 않은 채 어딘가에서 삐걱거린다. 언어와 실천에는 쉽게 처방을 알아낼 수 없는 독이 뿌려져 있어, 그것이 우리를 마비시킨다. 그리고 어쩐지 앞만 보고 달려가는 삶을 거북살스럽게 느끼기 시작한다. 그렇다면 걸음을 멈추고 수수께끼를 지긋이 바라보자. 철학이란 무엇보다도 눈앞에 보이는 수수께끼를 실제로 드러나게 하는 기술이니까.

이 세상에 철학 전문가는 적지 않다. 그러나 근본적인 문제를 묵묵히 계속 파고들기보다는 스리슬쩍 지나치고는, 잔가지나 치는 주제에 마치 나무를 돌보는 체하는 사람도 꽤 있다. 다시 말해 돈벌이가 될 만한 곳을 찾아 안착하는 사람도 많다. 철학을 직업으로 성립시키려다 보니 당연해진 모습이기도 하다. 그 결과 수많은 논문이 쏟아져 나오지만, 철학의 근본적인 문제는 조야한 모습 그대로 남아 있다. 만약 학문이나 직업과 무관한 아마추어들이 철학 전문가들에게 성숙하거나 세련되지는 않았지만 순수하면서 우직한 사색을 투척한다면, 이들 전문가들은 앉은 자리에서 사망선고를 받을 수밖에 없을 것이다. 이들에게 필요한 것은 단지 지적 만용이다.

나는 이미 아마추어가 아니다. 만용도 얼마쯤은 잃어버렸고, 이제 슬슬 물러날 때가 된 철학자 나부랭이에 지나지 않는다. 그렇지만 지적인 활달함을 잃지 않고 철학의 수수께끼와 정면으로 맞붙어 이리 뛰고 저리 뛰는 모습을 그려내고 싶었다. 명확한 답이 있는 것은 아니다. 그래서 논문으로 써낼 만큼 완성된 것도 아니다. 하지만 어설픈 답을 내놓게 되더라도 수수께끼다운 생명력을 잃지 않은 수수께끼를 통해 중요한 문제를 끄집어내고 싶었다. 그러다 보니 이 책은 온통 대화 형식이 되었다. 대화를 나누는 사람은 둘 다 나 자신이다. 수수께끼 앞에서 갈가리 찢어지는 나 자신을 되도록 있는 그대로 보여주기 위해 둘로 나뉜 내가 주거니 받거니 하며 대화를 진행하는 형식을 취했다. 논의하는 가운데 생각에 잠기기도 하고, 틀리기도 하고, 멍해지기도 하고, 때로는 농담을 날리기도 했다. 나아가 눈부시고 따스한 햇살을 받으며 변죽이나 울리고 마는 것이 아니라 수수께끼의 윤곽을 또렷하게 부각시키려고 했다. 그러므로 독자는 한껏 웃으면서 가벼운 마음으로 사고와 상상의 나래를 마음껏 펼치기를 바란다. 만약 평소에 보고 있었음에도 제대로 보이지 않았던 의아한 광경이 눈앞에 나타난다면, 이 책은 더 바랄 것이 없을 만큼 제 몫을 다한 셈일 것이다.

차례

1. 의식과 실재와 타자

모든 생물이 사라져도 노을은 붉은색일까?

어느 여름날 저녁, 창 너머 서쪽 하늘로 소나기구름이 물러갔다. 우리의 철학적 고찰은 저녁노을을 둘러싸고 시작되었다.

모든 생명이 사라져도 저녁노을은 붉게 물들까?

지구에서 모든 생물이 사라졌다고 가정해볼까?

뜬금없이 무슨 말이야?

그때에도 저녁노을은 붉게 물들까?

뭐? 아니, 그럼 흉측한 색깔로 변하기라도 한단 말이야?

아니…. 보는 눈이 없어도 저녁노을은 색깔을 띠고 있겠느냐, 이 말이야.

물론 무슨 색이든 있기야 있겠지. 예를 들어 핵전쟁이 끝난 다음에 보는 사람이 없어도 서쪽 하늘은 기묘한 색으로 물든다든가 하잖아. 그런데 갑자기 그건 왜?

막연한 이야기처럼 들릴 수 있겠지만, 그 말대로라면 우리는 눈으로 무언가를 보고, 우리 눈에 보이는 대상이나 세계는 따로 있다는 말인데, 아무래도 석연치 않아서…. 이전에도 생각했던 것이긴 하지만 지금 석양을 보고 있자니 같이 한번 생각해 보고 싶어. 넌 보는 사람이 없어도 저녁노을은 무슨 색이든지 색을 띠고 있을 거라고 했지? 난 그렇게 생각하지 않아.

어째서?

파란색과 노란색 계통만 감지할 수 있는 생물이 있다고 하자. 만약 다른 생물은 다 사라지고 그 생물만 이 세상에 살아남았다면 노을은 무슨 색이 될까?

글쎄…? 무슨 색이 되지? 거무스름한 진초록으로 보이지 않을까?

그럴 때는 저녁노을의 색깔이 거무스름한 진초록으로 보일 것이다….

그렇겠지.

그 생물도 죽어 버리면?

음, 그러면? 아, 그래! 그럴 때는 저녁노을의 색도 '사멸'하지 않을까? 저녁노을은 더 이상 아무런 색도 띠지 않겠지.

그렇다면 색깔은 대상 자체가 가진 성질이 아니라 대상과 그것을 보는 주체가 빚어내는 합작품이라고 할 수 있지 않을까? 그러니까 보는 주체가 없어지면 사물은 색을 잃는 거지. 세상은 본래 무색이고, 색이란 자기 시야에 나타난 성질이 되니까 말이야. 그렇게 생각하지 않니?

흠, 알 것 같기도 한데 어쩐지 좀 이상하네.

그러게. 나도 썩 개운하지 않아. 어딘가 좀 이상하지?

이를테면 내가 죽는다고 세상이 색깔을 잃지는 않잖아?

그야 뭐…. 다른 사람이 살고 있을 테니까.

내가 보는 것과 실제 존재하는 세계

그래도 잘 모르겠어. 있지, 넌 네가 죽어 버리면 무언가 끝난다고 생각해?

적어도 이 세상이 끝나지는 않을 것 같아. 그래도 무언가는 확실하게 끝날 거야. 때로는 내가 죽으면 모든 것이 다 무(無)로 돌아가는 게 아닐까 하는 느낌마저 들어.

맞아, 맞아. 확실히 그런 느낌이 들지. 그렇지만 세계는 거의 변하지 않은 채 계속 존재할 거야. 이것 참, 생각해보니 기분이 좀 묘하네.

실재의 세계야 계속 존재하지만 하나의 의식의 세계는 끝난다고 말할 수 있지 않을까?

의식의 세계라니?

죽음은 신체의 물질적 조직이 변하는 거야. 동시에 지금 느끼고 있는 따뜻함, 밝음, 갖가지 소리에 대한 의식, 그리고 온갖 기억을 상실하는 것이라 할 수 있어. 우리가 죽는다고 세계 자체에 종말이 오는 것은 아니지만, 우리가 시각, 청각, 촉각, 미각, 후각으로 받아들이는 의식의 세계는 사라져버리지.

흠, 그다지 명쾌하지는 않은걸. 왜 그럴까?

글쎄, 왜일까?

별로 떠올리고 싶지는 않지만, 이 세상에 살아남은 생물이 나하고 너밖에 없다고 상상해보자. 뭐, 그러면 어차피 인류는 곧 절멸하겠지만.

어이구, 여자가 아니라서 미안하네.

아니, 그거야 뭐…. 그러니까 더 생각하기 싫어지잖아. 그래서 말인데….

응, 계속해봐.

그렇게 되면 내 의식의 세계와 네 의식의 세계 그리고 실재의 세계, 이렇게 세 가지 세계만 남잖아.

음, 그렇겠지.

그게 어쩐지 좀 석연치 않단 말이야. 너와 난 똑같이 실재의 세계에 살면서 동시에 다른 의식의 세계에 살고 있기도 하니까.

그렇지만 실제로 나와 다른 사람들이 보고 느끼는 세계는 달라. 내가 보는 것을 넌 다른 각도에서 보기도 하고, 난 그리 덥지 않다고 느끼는데 넌 더위를 잘 타는지 덥다, 덥다 노래를 부르기도 해. 이것 역시 생활에서 느끼는 실재의 감각이잖아.

뭐, 그야 그렇지.

다른 식으로 말하면 이렇게 될 거야. 여기에 커피 잔이 하나 있다고 하자. 거기에서 반사된 빛이 각각의 눈에 닿아 시신경을 통해 뇌를 자극해. 그 결과 커피 잔 모양이 각자 다르게 보이는 거야. 한마디로 같은 물건으로 다른 자극을 받고 시각적 처리가 달라진 결과, 서로 다른 의식이 생겨난다는 말이지.

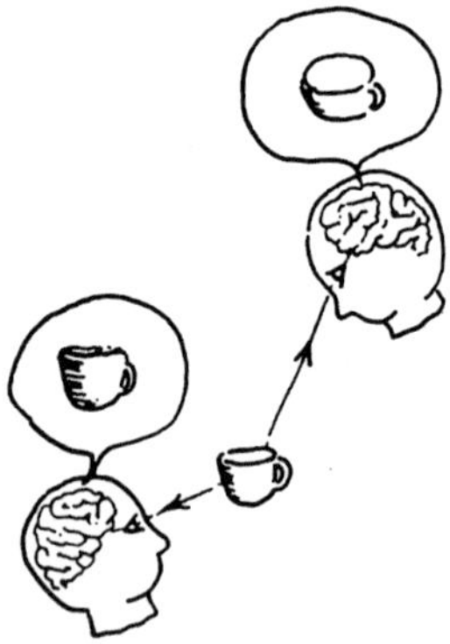

그러니까 실재의 세계에 '같은 사물'이라는 것이 있을 수는 있지만, 결과적으로는 사람의 수만큼 서로 다른 의식의 세계가 있다는 말이구나.

맞아.

실재의 세계는 어디에?

아무래도 얘기가 이상해질 것 같아. 지금 눈앞에 커피 잔이 보여도 이것은 실재의 커피 잔이 아니라 내가 본, 내 의식에 비친 커피 잔의 모양이다. 이 말이지?

맞아, 그 말이야.

그렇다면 실재의 커피 잔은 어디에 있는 거야?

여기!

'여기'라니, 여기?

물론 여기에 있으니까 여기에 커피 잔이 보이는 거야. 저쪽에 커피 잔이 있다면 저쪽에 보이겠지.

넌 지금 '여기'라고 말하면서 네가 보고 있는 커피 잔이 있는 곳을 가리켰어. 하지만 뭐라고 해야 할까. 넌 도대체 '어디'를 가리킨 거야?

'어디'라니? 지금 뭘 묻고 있는지 잘 모르겠네.

실재의 커피 잔에서 반사되는 빛이 네 안구에 닿고 시신경을 자극해 뇌에 전달되지. 그리고 해당 부위의 뇌가 흥분해 너에게 커피 잔을 지각한 상(像)을 보여주는 거야. 자, 그럼 여기에서 텔레비전 중계 같은 것을 떠올릴 수 있지 않아?

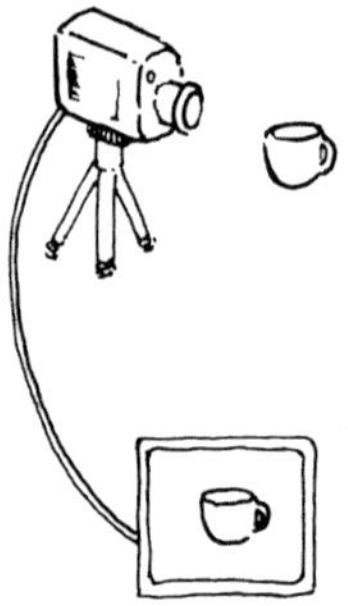

텔레비전 중계라고? 그렇게 말할 수 있을지도 몰라. 현장이 저쪽에 있고, 거기에서 촬영한 정보가 의식의 화면에 비친다는 것이니까. 그러면 '여기'라고 말하면서 가리킨 장소가 '어디'냐

라는 것은 문제가 될지도 모르겠네.

아무리 생각해도 이상해. 촬영 현장은 텔레비전이 있는 위치에서 멀리 떨어져 있어. 그곳에서 정보가 전해지고, 넌 네 마음의 작은 방에 있는 화면을 보고 있어. 예컨대 그곳에 사고 현장이 비친다고 하자. 사고가 어디에서 일어난 거야? 이렇게 물으면 넌 '여기'라고 가리킬 거야. 하지만 그곳은 텔레비전이 있는 네 방의 한구석일 뿐이잖아.

아! 네가 느끼는 의문이 뭔지 알겠어! 난 내가 지각한 상이 비치는 현장을 가리키겠지. 그러나 어디를 가리킨다 해도 그것은 내 의식의 세계일 따름이야. '여기에 커피 잔이 있다', 그래서 난 그 커피 잔을 만져. 하지만 실재의 커피 잔을 만지는 것은 아니야. 손끝으로 감촉이 전해져도 내가 만진 커피 잔은 내 의식의 세계에 있는 사물일 뿐이니까…. 그렇다면 난 의식의 세계에 있는 '여기'를 만진 것이고, 그것은 텔레비전 화면을 만진 것과 마찬가지야. 커피 잔의 실물이 있는 현장은 그곳이 아닐지도 몰라.

대체로 커피 잔을 만진 네 손가락부터가 네가 보고 느끼고 의식한 손가락의 모양이니까.

그런 셈이지.

그렇다면 '실재의 커피 잔은 어디에 있을까?'라고 묻는다 한들 대답할 도리가 없다는 말인가?

흠, 의식의 세계와 실재의 세계는 위치 관계를 갖지 않아. 아니, 그렇다기보다는 위치 관계를 가질 수 없어.

으음, 그런가…? 그렇다면 도대체….

아, 골치 아파.

그럼 난 어느 쪽 세계에 있는 걸까?

보고 느끼는 세계에 있다고 할 수밖에 없겠지. 그러니까 결국은….

어떻게 될까?

실재의 세계 따위는 없다는 말이겠지.

엥? 그렇게 되나?

그렇다고 생각해.

잘 모르겠어.

내가 인식하는 것만이 내 세계의 전부

우리는 실재의 세계에 대해 무언가 알고 있다고 생각해. 또는 지금까지는 그렇게 생각했어. 그렇지?

난 지금도 그렇게 생각해.

그렇지만 어떻게 해야 실재의 세계에 대해 알 수 있을까?

알 수 없다고 말하고 싶은 거야?

음, 생각 좀 해보자. 준비가 별로 되지 않았더라도 지금까지 해온 것처럼 거리낌없이 대답해줄래?

알았어. 그러니까 무슨 말을 하려는가 하면 바로 이런 거야. 난 보고 있는 것, 만지고 있는 것으로 실재의 세계를 판단해. 이를테면 책상 위에 놓인 책이 보인다면, 실재의 세계에도 책상 위에 책이 있겠지.

그 의식의 세계와 실재의 세계 사이의 관계는 어떻게 알아낸 거야?

그렇지 않다면 책상 위에 있는 책이 보일 리 없잖아.

그럴까?

예를 들어 뇌에 직접 전극을 꽂아 이런 광경을 보여주는 것도 가능할지도 모르지?

아, 그렇군. 그런 것도 생각할 수 있겠어. 하지만 문제는 정말이지 너무 단순해. 네가 갖고 있는 데이터는 모두 의식의 세계에 대한 정보밖에 없어. 그런 얘기야.

그렇지만 이런 식으로 보거나 듣거나 하려면 거기에 이르는 원인이 있지 않을까?

넌 결과밖에 손에 넣을 수 없어. 넌 실재의 세계가 네게 불러일으킬 것이라 여기는 의식의 세계에서만 살고 있는 거야. 햇빛에 눈이 부신 것도, 귀 따가운 매미소리도, 쌉싸래한 커피 맛도, 모두 '결과'일 뿐이야. 그리고 무엇이 그것을 불러일으켰는지 넌 그 원인을 전혀 알 수 없지. 아니, 어떤 원인에 의한 것인지 아닌지조차 알 도리가 없어.

그렇다면 난 실재에 대해서는 아무 것도 알 수 없다는 말이 되잖아?

그렇지. 그러면 결국 어떻게 되겠어? 의식만 남겨지는 거야. 현실 안에 의식과 실재라는 두 가지 요소가 있다는 것을 인식하고, 거기에 메스를 대서 둘을 떼어놓는 순간 실재의 요소가 시야에서 모습을 감추고 의식만 덩그러니 혼자 남는 거지.

다른 사람의 마음을 엿볼 수 있을까?

혼자가 아니겠지.

무슨 말이야?

비록 의식만 남겨진다고 해도 딱 하나만 남는 건 아니야. 너, 설마 내가 있다는 것을 잊어버린 거야?

아, 그런가? 아니야, 됐어.

뭐가 됐어?

실재에 대해 하나도 알 수 없다는 것과 마찬가지로, 난 네 의식의 세계에 대해 무엇 하나 알 수 없어. 네 목소리를 듣고 표정이나 몸짓을 보고, 뭐 만져본다 해도, 그건 전부 내 의식에 비친 네 모습일 뿐이야.

그러면 나한테는 의식이 없다는 거야?

실재는 잘라 내팽개쳐도 아무런 불평도 하지 않지만, 넌 수다쟁이라 잘라내 버리기가 어렵네. 그래도 논의의 구조는 똑같아. 실재의 세계가 시야에서 모습을 감추는 동시에 타인의 의식의 세계도 시야에서 모습을 감추거든. 남는 것은 오로지 내 의식뿐이야. 모든 것은 내가 보고 듣고 느끼는 세계나 다름없지. 네가 무슨 말을 하든지 간에.

기가 막히는군. 그럼 넌 지금 누구를 보고 말하는 거야?

내 의식의 세계에 등장한 너한테….

아이고, 내 원 참….

내가 죽으면 세상은 끝?

모든 것은 나의 죽음과 동시에 끝나버린다…. 뭐, 그런 말이야.

흥, 네 장례식이 기다려지네.

그건 네 세계의 이야기일 뿐이야. 내 세계에는 네 장례식은 있어도 내 장례식은 없어. 난 내 장례식을 볼 수 없거든.

그렇지만 생각할 수는 있지. 너, 생명보험은 들었어?

뭐? 아니, 뜬금없이….

네 식으로 말하면 네가 죽은 다음에는 보험금을 탈 사람도 사라지잖아?

흐음, 생명보험이라는 건 참 막장이야. 내 죽음, 그러니까 절대로 경험할 수 없는 가상의 초점으로 내 삶을 비추는 방식이니까….

무슨 잠꼬대야? 아, 됐어. 보험은 들어놨구만.

기분 나빠?

기분 나쁠 게 뭐 있어? 하지만 너도 네 죽음이 세계 자체의 종말이라고 믿고 있는 건 아니지?

그런데 말이야, 내 의식의 세계가 끝난다 해도 타인의 의식의 세계나 실재의 세계는 계속 남아 있을 거라는 생각은 내 의식을 초월해서 존재하는, 알 수 없는 세계를 상정했기에 가능한 생각이지. 그건 기존의 논의가 보여준 비생산적인 이원론이야. 내가 알 수 있는 것은 모두 내 의식에 비친 모습 뿐이거든. 결국에는 지각, 기억, 사고, 상상, 신념, 이런 것과 더불어 모든 것이 다 끝나버리는 거야.

진심이야? 네가 죽으면 세계도 끝난다고 믿는 거야?

아니.

에엥? 뭐라고? 도대체….

넌 내 신념의 당위성을 묻고 싶은 거지?

그래.

나 역시 내가 죽은 다음에도 세계는 계속 존재한다고 믿어. 그러나 내가 죽으면 내 신념도 사라져. 난 '내가 죽어도 세계는 끝나지 않는다'는 신념과 함께 죽는 거야. 물론 그 신념도 그때 사라지고….

되려 복잡해졌잖아.

'내가 죽어도 세계는 끝나지 않는다'는 신념을 버리는 것은 불가능하겠지. 그것은 제일 근원적인 것이고, 내 생활의 대부분은 이 신념 위에 성립하니까. 그게 바로 내 삶이야.

그렇지만 그 신념도 네 의식의 세계에 있고, 네 죽음과 함께 끝난다고? 따라서 변함없이 네 죽음은 모든 소멸을 의미한다는 말이네.

맞아.

그러면 넌 '자신의 죽음과 함께 모든 것은 소멸한다'는 것도 믿는다는 말이야?

애매한 문제인데?

음. 만약 그것을 믿는다고 하면 '내가 죽어도 세계는 끝나지 않는다'는 신념과 모순돼. 넌 모순된 신념을 가지고 있는 거야.

신념의 차원이 다른 게 아닐까?

무슨 뜻이야?

잘은 모르겠지만.

'내가 죽어도 세계는 끝나지 않는다'는 신념은 근원적인 것이고 네 삶과 결부되어 있어. 네가 아까 말한 것처럼…. 나도 그건 그렇다고 생각해. 그렇지만 '내 죽음과 더불어 모든 것은 끝난다'는 주장은 어떨까? 난 이 주장이 그다지 납득이 되지 않아. 붕 떠 있는 것처럼 보이거든.

붕 떠 있다고?

그렇잖아. 이건 네 삶과 결부되어 있지 않잖아? 만약 '죽음과 더불어 모든 것이 끝난다'는 신념도 네 삶과 결부되어 있다면, 네 삶은 분열되어 있는 거야. 그렇지 않다면 어느 쪽인가는 분명히 붕 떠 있을 거야.

그렇다면 넌 실재는 의식과 독립적으로 존재한다는 공허한 상정으로 돌아가겠다는 거야? 붕 떠버렸다는 것은 실로 실재의 세계가 별개로 존재한다고 상정하는 것이나 다름없어. 그 점에는 너도 동의하겠지?

응, 그래. 의식과 실재를 별개로 세워놓고 실재의 세계의 당위성을 찾는 것은 나도 공허하다고 생각해. 하지만 '모든 것은 내 의식의 세계'라는 것도 똑같이 공허하고 단순한 헛공론에 지나지 않은 것 아냐?

로봇에게도 의식이 있다면 — 타인의 의식

그 말을 타인의 마음에 대해서도 똑같이 말할 수 있어?

음, 말할 수 있을 것 같아. 이건 죽어도 세계는 끝나지 않는다는 것 못지 않게 근원적인 신념인데, 난 타인에게도 의식이 있다고 믿어. 우리의 생활이 그런 생각을 전제로 성립된다는 점에서 이 신념은 생활과 더욱 폭넓은 관계가 있다고 할 수 있지. 그러나 보는 것, 듣는 것, 느끼는 것, 모두 내 의식의 사정권 안에서 벌어진다는 사실도 실감하고 있어. 내가 타인의 의식을 직접 엿볼 수는 없어. 내가 보고 들을 수 있는 거라곤 그 사람의 표정, 몸짓, 목소리 같이 외면적인 것밖에 없어.

확실히 타인에 대해서는 겉으로 드러난 것만 볼 수 있지. 하지만 표정이나 몸짓이 '외면적인 것에 지나지 않는다'는 점은 어떻게 되는 거지?

그 말은 그러니까…?

이를테면 '외면적인 것만'을 모두 모아놓은 로봇을 만들었다고 치자. 유창하게 말을 구사하고 고민을 털어놓고 울고 웃고…. 그때 우리는 그 로봇에게도 의식이 있다고 믿지 않을까?

그래도 그건 기계 장치잖아?

물론 그렇지. 로봇이니까. 그렇지만…

기계 장치라도 의식이 있다고 하면 자동문이나 자판기에도 의식이 있다는 말이 돼.

그래도 그만큼 정교하게 만들어진 로봇이라면 틀림없이 진심으로 고민을 상담하기도 할 거야.

뭐, 언젠가 그런 날이 올지도 모르지.

결국 네가 하는 말은 로봇에게 의식이 있다는 것을 인정하자는 말이 되잖아?

그런가?

타인에게 의식이 있다는 근원적인 신념에 근거해서 우리는 생활하고 있어. 자, 그럼 거꾸로 생각해보자. 그런 신념을 가지지 않은 채 진심으로 지금 같은 생활을 영위할 수 있을까?

흐음. 글쎄….

진심으로 상담을 하거나 위로해준다는 것은 곧 그런 신념을 갖고 있다는 말 아니겠어?

그러면 자동문과 로봇의 차이는 뭐야?

그것과 관계를 맺고 있는 우리의 생활 태도가 다르지.

그러면 자동문에게 의식이 있다고 인정하는 생활도 생각해 봄직하다는 말인가?

문 앞에 딱 서 있는데 기분이 상했는지 자동문이 문을 열어 주지 않는 거야. "저기, 문 좀 열어줘" 하고 부탁하니까 마지못해 문을 열어줄 것처럼 굴더니, 막상 지나가려고 하면 심술궂게 문을 닫아버리는 거지. "이런, 빌어먹을. 다른 문으로 가고 말지!" 뭐, 이런 식으로?

알았어. 그만해.

아직 더 할 수도 있는데….

아니, 충분해. 그러면 우리가 '의식'이라고 부르는 말이 의미하는 것은 순수하게 내면적인 것뿐만 아니라 생활 전체와 연관되어 있다는 말이구나.

맞아, 내 말이 그 말이야.

인간만이 가질 수 있는 순수하고 내면적인 것

그러니까 너는 로봇도 '의식이 있다'고 할 만한 상황이 벌어질 수 있다고 생각한다는 말이지?

응. 내가 아까 말한 것 같은 수작을 걸 수 있다면 자동문도 의식이 있다고 해야겠지.

그렇다면 너는 너를 너와 똑같이 행동하는 로봇으로 변신시켜도 아무렇지 않겠구나.

뭐라고?

마법사가 나타나 지금 널 로봇으로 변신시켜준다고 말했다 치자. 그자는 걱정할 것 없다고 해. 왜냐하면 용모도 그대로일 테고 행동거지도 지금과 똑같을 테니까, 남들은 네가 로봇으로 변했다고 생각하지 못할 거라고 말이야. 그런데 네 입장에서 보면 정말 변한 게 아무것도 없을까?

무언가를 보고 있는 것처럼 행동해도 사실은 그게 보이지 않는다든가, 아파하기는 해도 실제로는 아픔을 느끼지 못한다든가, 그런 소리를 하고 싶은 거야?

그렇게 되겠지? 만약 그렇다면 그건 너한테 '죽음'과 똑같지 않을까?

글쎄, 어떨까? 그건 정말 죽음과 똑같을까?

신체는 그대로인데 의식은 죽었다고 할 수 있지 않느냐 이 말이야. '너를 지금 로봇으로 변신시킬 테다!'라는 말을 듣는다면 공포로 온몸이 떨리지 않을까?

두려운 마음은 들지만 잘 모르겠는걸.

상상을 뛰어넘는 일이라서?

아무래도 그렇지. 확실히 그건 나한테는 죽음과 똑같은 상실일지도 몰라. 하지만 만약 그렇다면 '로봇으로 변했다'고 말해도 실질적으로는 아무것도 변하지 않은 것일 수도 있지.

아니, 그렇지 않아. 로봇이 아무리 너와 똑같이 행동한다고 해도 네가 지닌 그것을 갖고 있지 않거든.

'그것'이라니, 그게 뭔데?

순수하게 내면적인 네 의식!

'의식'을 생활 전체와 관련된 것으로 파악하자는 이야기를 하다가 다시 원점으로 돌아갔군.

그렇지만 아무리 해도 의식이 지닌 내면성은 부정할 수 없을 것 같아서 말이야.

그건 나도 알아. 하지만 만약 자신의 내적인 의식에서 출발한다면, 더 이상 거기에서 어디로도 나갈 수 없어. 난 내적인 의식의 바깥, 실재의 세계에 대해 무엇을 알 수 있을까? 그리고 타인의 의식의 세계에 대해서는?

어떻게 생각하면 좋을지, 지금은 잘 모르겠다는 말밖에 못하겠어. 그래도 내적인 의식의 세계를 확보하면서 '내 의식만이 모든 것'이라는 유아론에 빠지지 않을 샛길이 어딘가에 있지 않을까?

과연 있을까?

누구에게나 내적인 의식의 세계가 있어. 그럼에도 서로의 마음에 대해 어느 정도 알 수 있지. 더구나 실재의 세계에 대해서도 어느 정도 확실하게 알 수 있고….

그렇게 생각하는 게 지극히 상식적이지.

이만큼 건전한 그림을 딱 맞게 그려서 보여주기가 이토록 힘들다니, 놀랍기 짝이 없네.

정말.

꿈속의 죽음

여담이지만, 한 가지 기묘한 가능성이 떠올랐어.

뭔데?

예를 들어 너와 어떤 사람이 방에서 잡담을 나누는 꿈을 꾸고 있어. 그런데 그 꿈은 죽기 직전에 꾸고 있던 꿈인 거야. 그 사람이 그런 꿈을 꾸면서 죽었다고 치지. 그러면 그때 그 꿈은 그 사람에게 더 이상 꿈이 아닌 거지.

그 사람은 그것이 꿈이라고 깨닫지 못한 채 죽어가니까 말이야. 만약 노인이 젊은 시절의 꿈을 꾸다가 죽어간다면, 그 사람은 자기가 사실 노인이라는 것을 깨닫지 못하고 죽어가겠지.

맞아. 그리고 노인은 젊은이로서 죽고, 젊은이로서 꿈을 꾸는 도중에 영화 필름이 끊기듯이 모든 것이 끝나버리지. 그렇게 생각하면 나도 지금 바로 다음 순간 그렇게 죽음을 맞이할지도 몰라. 커피 잔에 손을 뻗치는 그 순간에 꿈을 꾸고 있는 내 본체가 죽고 모든 것이 훌쩍 끝나버리는 거지.

아, 꺼림칙해.

만약 그렇게 되면 죽음과 함께 세계는 끝나겠지.

그럴지도 모르지.

유아론은 존재하는 것은 자신의 의식뿐이고 그 밖의 다른 존재는 자신의 의식 속에 있는 것에 지나지 않는다고 보는 주관적 관념론이다. 유아론의 대표적인 인물로 조지 버클리(1685~1753)가 있는데, 그는 우리가 지각하는 것만이 실체이며 지각하지 못하는 것은 실체가 없는 것이라고 주장했다.

2. 기억과 과거

러셀 씨, 세상이 5분 전에 만들어졌다니요?

'5분 전에 세상이 만들어졌다'는 가설

무슨 책을 읽고 있어?

러셀의 『정신의 분석』.

재미있어?

응. 재미있어.

대답 한 번 무뚝뚝하네. 방해돼서 그래?

으응.

쳇!

으이구, 못 말려. 그럼 이 대목을 한번 읽어볼까?

응, 그렇게 해.

들어봐. 기억에 대한 이야기야. "논리적으로 말하면 기억하고 있는 사건이 실제로는 일어나지 않았다 해도 그 사건을 기억한다는 믿음은 생겨날 수 있다. 애초에 과거가 전혀 존재하지 않았다고 해도 그 과거를 기억한다는 믿음은 생겨날 수 있다. 세계가 단 5분 전에 있었던 상태 그대로 생겨나고, 사람들도 존재하지 않는 과거를 '기억하는' 상태로 갑자기 세계가 생겨났다는 가설을 세우는 것은 논리적으로 불가능하지 않다. 상이한 시점의 사건 사이에 논리적이고 필연적인 관계가 있을 리 만무하다. 그렇기 때문에 현재 및 미래에 일어날 어떤 일도 세계가 5분 전부터 시작되었다는 가설을 반증할 수 없다. 이리하여 과거에 대한 지식이라고 일컬어지는 것은 과거와 논리적으로 독립해 성립하며, 이 과거의 지식은 현재의 내용에 의해 전면적으로 분석될 수 있다. 현재의 내용은 논리적으로 비록 과거가 존재하지 않았다고 해도 지금 우리가 알고 있는 그대로의 내용일 수 있다."

거짓말!

거짓말이라니, 뭐가?

흥, '세계가 5분 전에 만들어졌다'고?

아니 그렇게 단정하지는 않아. '세계는 5분 전에 만들어졌을지도 모른다'는 말이야. 단정할 근거도 없지만 부정할 근거도 찾을 수 없지. 물론 우리는 이런 황당무계한 가설을 논리적으로 반박할 수 있을 거라고 생각해. 하지만 실제로는 불가능하지. 세계는 5분 전에 만들어졌을지도 모르고, 그렇지 않을지도 몰라. 이런 것조차 우리는 알지 못해.

무슨 소리! 아까 너와 만나 인사를 나눈 때부터 이미 5분이 넘었다고.

5분 전에는 뭘 하고 있었지?

네가 러셀의 문장을 읽어 주고 있었잖아?

그러면 그때 세계가 갑자기 생겨난 것이로군. 예를 들어 '애초에…'의 '애'를 읽었을 때, 세계는 지금 있는 모든 것과 함께 만들어진 거지.

믿을 수 없어.

믿지 않아도 돼. 다만 반박할 수 없을 뿐이야.

반박하고 싶은데.

그럼 내가 그 가설을 믿고 있다고 하자. 무슨 수를 써도 좋으니 나한테 그 가설의 오류를 가르쳐줘.

5분보다 더 오래전에 난 너를 만났어. 난 그것을 기억하고 있어. 그 후 반년 전에 너와 함께 산길을 걸었어. 너도 잊지는 않았지?

응, 기억하고 있어. 하지만 그 기억들도 '애초에…'의 '애'를 읽었을 때 만들어졌다면?

그럼, 너와 내가 산길을 걸은 건….

실제로는 걷지 않은 거지.

그렇지만 너도 기억하고 나도 기억하잖아. 산은 얼어붙어 있어 추웠고, 게다가 저녁 무렵부터 비가 내렸어. 내 기억과 네 기억이 일치하는 건 뭐야?

이상한 일이지만 그렇게 만들어진 거지.

일기도?

물론 그렇지. 가설대로라면 이제까지 쓴 것들 모두 다 5분 전에 만들어졌어. 도서관도 다 갖추어져서 만들어졌고. 고문서, 유적, 화석 등등 모조리 다 5분 전에 만들어진 거야.

그럼 내가 초등학교에 다닌 것도 사실이 아니겠네. 그뿐만 아니라 역사상의 인물이니 사건 같은 것도 사실은 죄다 존재하지 않았고 말이야. 그렇게 말하고 싶은 거야? 공룡도 없었고? 공룡 화석만 5분 전에 만들어졌다고?

우선 상식대로 생각해보자. 세계의 모든 것은 시간적인 순서를 따라 진행되지. 5분 전에는 5분 전 세계의 상태가 있었을 거야. 그건 어떤 상태였을까?

어떤 상태라니? 아, 미안. 러셀 이야기가 하도 터무니없어서 조금 멍하니 있었네.

5분 전 세계의 상태를 생각해보자고. 사람들의 뇌 상태, 그것에 따른 기억과 신념, 일기, 도서관의 책, 그 후 보관하고 있는 갖가지 고문서, 유적, 자연환경, 지층에 포함된 여러 가지 화석. 이것들이 죄다 5분 전에 만들어졌다면, 우리에게 필요한 것은 다 모여 있는 셈이야. 5분보다 더한 과거에 대한 정보는 거기에 있는 것이 전부야. 그러니까 이런 상황에서 세계가 만들어졌다고 해도 그 세계는 지금 우리가 살고 있는 세계와 무엇 하나, 글자 그대로 무엇 하나 다를 바 없어.

흠, 어쩐지 그럴 것 같기도 하고….

적어도 반박할 수는 없지.

그렇다면 딱히 5분 전이 아니어도 상관없잖아?

그야 뭐, 3분이라도 괜찮고….

아니, 지금이라도 상관없지. 지금 바로 이 순간, 이 세계가 있는 그대로, 모든 것이 다 갖추어진 채로 만들어진 거야.

네 말이 맞아. 지금이라도 상관없어. 세계는 지금 현재 내 눈앞에 보이는 것과 내 기억에 관련된 배경 그림일 뿐이야.

무엇이 '올바른' 기억일까?

그럴까? 좀 끈덕지게 따지는 것 같지만, 그러면 난 초등학교를 다니지 않았다는 말인가?

만약 세계가 5분 전에 만들어졌다면 그렇게 되겠지. 단지 네가 초등학교에 다녔다는 것을 드러내는 서류나 사진, 그리고 기억만 있는 거야.

그건 '기억'일까?

무슨 말이야?

좀 마음에 걸려. 그건 '기억'일까, 아니면 '잘못된 기억'일까? 그렇지 않으면 단순한 '망상'일까?

뭐가 마음에 걸리는지 아직 잘 모르겠지만, 논의의 계기가 될지도 모르겠네. '잘못된 기억'과 '망상'은 어떻게 다를까?

잘못된 기억이라 해도 절반은 과거의 사실 때문에 그렇게 기억한 거야. 그런데 우리가 망상에 빠지는 건 과거와는 무관하게 현재의 어떤 상태 때문이 아닐까? 예를 들면 지금 마음이 불안해서 망상에 사로잡히는 거지.

오호, 제법인데….

뭐야? '제법'이라니?

그렇다면 어떤 기억이 과거의 사실에서 비롯된 것인지 아닌지, 넌 어떻게 알아볼 거야?

과거의 사실을 조사해서 그것과 지금의 기억 사이의 인과관계를 확인해보면 되지 않을까?

하지만 어떻게 조사할 건데?

기억에 의해서…. 아니, 아니지. 그러면 사태가 진전되지 않는구나.

그래. 아까도 말했지만 오직 5분 전부터 지금까지의 시간, 또는 지금 현재만이 이 세상의 전부야. 지금 떠올린 무언가가 올바른 기억일지 잘못된 기억일지, 아니면 망상일지…. 실제로 우리가 그것을 지금 어떻게 변별하는지 생각해보아야 해. 과거로 시간 이동을 할 수 없다면 지금 모든 걸 매듭짓는 수밖에 없어.

어, 잠깐만.

이해 못했어?

아니, 말해준 것은 이해했어. 그게 아니라 너 말이야, 지금 자기 발목을 잡은 거 아니야?

내가 모순되는 말이라도 했나?

그럴지도 몰라.

뭐가 그런데?

넌 방금 우리가 어떻게 기억의 옳고 그름을 확인하고, 어떻게 망상을 망상으로 간주하는지 알아봐야 한다고 말했지?

응, 분명히….

그렇다면 지금 내가 갖고 있는 '기억'은 '올바른 기억'일까, 아니면 그저 '망상'일 뿐일까? 어느 쪽이든 가능하잖아.

……

결국 잠정적이기는 해도 넌 일단 러셀의 회의를 받아들이고 있으니 말이야.

아, 알겠어. 그렇구나.

뭐야? 혼자서만 알았다고 하지 말라고, 좀!

신의 시점과 인간의 시점

명확하게 말할 수 있을지는 모르겠는데, 천천히 차근차근 따져보자. 네가 눈치챈 것처럼 아무래도 러셀의 회의 자체가 자기 발목을 잡을 수밖에 없는 것 같아. 보통 우리는 현재의 다양한 증거와는 독립적으로 현실의 과거가 엄연하게 존재한다고 생각하지.

응. 그리고 기억이나 문서 같은 과거의 흔적을 통해 그것을 추측해.

그렇지만 실제로 있는 것은 모두 현재의 기억이나 증거밖에 없어. 그렇게 생각하면 그 기억도 실은 모두 망상일지 모른다고 의심할 수 있어. 그런데 그 기억을 '망상일지도 모른다'고 의심하는 태도는 우리가 과거 자체를 인식할 수 있다는 감각을 가지고 있을 경우에만 성립하지.

저기 잠깐, 그 부분 좀 더 자세히 설명해줄래?

현재 우리가 가진 기억이나 증거를 우리가 얻을 수 있는 모든 것이라고 치자. 문자 그대로 이게 '모든 것'이라는 관점을 철저하게 밀고 나간다면, 현재의 기억이나 증거의 범위에서 우리 기억이 옳은지 그른지, 이게 망상인지 아닌지를 변별한다는 것도 인정해야 해. 그렇다면 여기에는 잘못된 기억이나 망상도 있을 수 있지만, 대부분의 기억은 '올바른 기억'이 되겠지. 그런데 이게 망상일지도 모른다고 의심한다는 것은 거꾸로 현재의 기억이나 증거가 '모든 것'이 아니라는 관점을 취한다는 뜻이야.

그러면 러셀의 회의는 심히 위태로운 줄타기라는 말이네.

아니, 줄은 이미 끊어졌어.

엥? 무슨 뜻이야?

인간의 시점에 입각하면 '지금이 모든 것'이라고 말할 수밖에 없어. 지금 보는 것, 지금 떠오르는 것, 이것이 우리에게 주어진 모든 것이야. 러셀의 회의에는 무엇보다 이런 생각이 반영되어 있어. 하지만 '지금이 모든 것'이기 때문에 '과거는 정말 알 수 없다'고 말할 때 말이야, 현재의 기억이나 증거와 독립적으로 존재하는 과거 세계를 내다볼 수 있는, 말하자면 신과 같은 시점이 섞여 들어오는 것은 아닐까?

그렇구나! 실제로는 세계가 비록 5분 전에 만들어졌다고 해도, 우리 피조물은 그 현장을 목격할 수도 없을 뿐더러 세계 창조를 인간의 눈으로 볼 수 있게 해주는 어떤 증거도 남아 있지 않으니까 말이지.

바로 그거야. 인간의 눈에는 연면히 이어져온 이 세계만 보여. 5분 전에 세계가 만들어졌다는 가설은 세계 창조를 목격하는 동시에 창조 이전의 허공도 목격할 수 있는 초월적 시점을 갖고 있어야 상상할 수 있는 거야. 그런데 우리는 상상을 할 때조차 우리의 시점을 넘어설 수 없어. 다시 말해 러셀의 회의를 의심하는 시점을 우리는 갖고 있지 않다는 말이야. 과거는 지금 사실로서 존재한다기보다는 이것, 그리고 이것만이 우리의 과거인 거야.

과거는 기억하는 것일까 이야기하는 것일까?

열변을 토해준 사람한테 미안한 얘기지만, 지금 방점을 찍어서 말한 '이것'이 뭐야?

…

기분 상했어?

아니. 흠…, 대체 얘기를 어디로 듣고 있었던 거야? 우리가 지금 기억하고 있는 것, 그리고 우리가 지금 얻을 수 있는 다양한 기억이나 증거 아니고 뭐겠어?

저기, 말꼬리를 잡는 것처럼 들릴지도 모르겠는데, 예를 들어 고문서는 지금 도서관에 있는 종이다발이고, 그것 자체가 과거일 리는 없잖아?

말꼬리 잡는 것 맞네.

응. 네가 말하고자 하는 바는 알아들었어. 인간의 시점을 철저하게 밀고 나가면 러셀의 회의도 성립하지 않는다는 점에는 동의할 수 있을 것 같고…. 그런데 좀 더 알고 싶어져서.

좀 더 정확하게 말하면 기억이나 기록, 증거에 기초해 우리가 지금 구성하고 이해하는 과거 세계의 양상, 그것이 우리 과거의 모든 것이라는 말이야.

기본적으로는 동의한다고. 동의하는데, 그래도 좀 묻고 싶었을 뿐이야. 기억이나 증거에 기초해 우리가 지금 구성하고 있는 과거 세계라는 게 뭘까?

어떻게 대답하면 좋을까?

흐음, 어떻게 질문하면 좋을까?

조금 기다려줄까?

아니, 괜찮아. 그럼 단순화해서 물어볼게. 이미 모두가 잊어버린 과거의 사실에 대해서는 어떻게 생각해?

잊어버린 것은 잊어버린 것이니까 단적으로 말해 '없지.' 그 과거는 존재가 지워져버렸어.

역시 그렇군.

인간의 시점을 철저하게 밀고 나가면 당연히 그렇게 돼. 기억하고 있는 것, 기록이나 증거로 남아 있는 것, 그것이 모든 것이니까. 그리고 그 점에는 너도 동의한다고 말했잖아?

러셀의 회의에 관해서는 그래. 기본적으로…. 하지만 네 열변을 듣고 있자니 좀 불안해졌어. 네가 말하는 '과거 세계'가 아주 협소해진 건 아닐까.

협소하지 않아. 네가 이해하는 과거의 모든 것을 담고 있잖아.

그래도 잊어버린 것도 많고, 잃어버린 증거도 셀 수 없이 많잖아. 예컨대 나는 유치원 시절 선생님의 얼굴을 기억하지 못해. 그럼 선생님에게는 얼굴이 없다는 말이야?

넌 그럼 귀신 선생님한테 배웠던 거야?

네 말대로 하자면 그렇지 않아?

아니, 아니야. 넌 그 사람에 대해 어떤 것을 기억하고 있어?

사진도 없고 그림일기도 없어서 기억은 어렴풋하지만, 어린 마음에 어여쁜 미인이라고 생각했지. 홍홍, 어릴 때 얘기야.

쑥스러워하는 거야?

응.

얼굴이 없는 '미인'은 없어. 그렇지?

당연하지.

그럼, 얼굴은 있었네. 안심하라고.

야, 잠깐만! 무슨 소리야?

고생물학에 대해 생각해보자. 선생님이든 공룡이든 우리의 논의에서는 일단 똑같아. 아, 미안! 여하튼 티라노사우루스의 피

부는 울퉁불퉁했을까, 매끈매끈했을까? 어떻게 생각해?

이봐, 화석만 남아 있는데 그걸 어떻게 알아?

그걸 추측할 단서는 화석과 현생의 생물에 대한 지식과 이론, 단순히 말해 그런 것뿐이지. 이 단서들을 총동원해서 결론을 내리는 거야. 그 이상도 그 이하도 아니지. 유치원 선생님의 경우도 네 기억과 현재의 인간을 관찰해서 선생님에게 얼굴이 있었다고 판단하는 거야. 그러니까 단순히 '잊어버린 것은 존재하지 않는다'고 할 수 없다는 건 확실해. 하지만 만약 누구 한 사람, 무엇 하나 기억하지 못하는 게 있다면 그것은 애당초 과거에 존재하지 않았다고 말할 수밖에 없어. 과거의 존재란 오로지 우리의 기억이나 증거, 이론을 바탕으로 구성되는 것일 뿐이니까. 그렇기 때문에 고생물 이야기를 빌려 말해보면, 한 조각의 화석이나 흔적을 남기지 않은 고생물은 존재하지 않은 거야. 과거의 존재에 대한 정의에 비추어 말하면 그렇게 돼.

그래도 이상해.

뭐가 이상해?

어딘가 이상해.

그렇지만 우리의 검증 절차를 초월한 과거 존재 같은 것을 끌어오면 러셀 같은 회의에 빠지게 돼. 그건 너도 인정했잖아.

아니, 확실히 러셀 같은 회의에 빠지지는 않을 것 같아.

어째서?

인간의 시점으로 파악한 것, 한마디로 현재 우리가 검증한 것은 확실히 과거에 존재했어. 여기까지는 좋아. 그리고 그런 점에서 러셀의 회의는 기각할 수 있어. 그래도 검증된 것 말고 다른 것은 존재하지 않는다는 건 좀 지나친 말이 아닐까? 과거는 우리 인식을 뛰어넘는, 더욱 풍부한 것 아닌가?

더욱 풍부한 것이라니?

예를 들어 다리가 여섯 개에 코끼리처럼 코가 긴 생물이 아주 옛날에는 있었을지도 몰라. 아무리 검증하지 못했다고 해도 그 가능성까지 부정할 수는 없어.

그런 가능성을 부정할 수는 없겠지.

그럼 넌 과거 세계는 우리가 인식하는 것보다 풍부하다고 인정한 거네.

아니.

모순이잖아.

모순인 것처럼 보이는 것은 네가 한 가지를 간과했기 때문이야. 우리가 가진 증거나 이론은 앞으로도 늘어나거나 수정될 거야. 현재의 인식이 모든 것은 아니거든.

그런 것이라면 간과할 수 없지. 그래서?

그러니까 다리가 여섯 개에 코끼리 코를 가진 생물이 있었음을 알려주는 화석이나 이론이 장차 나타날 가능성은 있어. 그런 의미에서 그런 생물이 옛날에 존재했을 가능성도 있어. 이런 점에서 볼 때 과거의 가능성이란 실은 미래의 가능성이나 다름없어. 과거는 미래로 열려 있다고 해도 좋겠지.

그러면 과거의 가능성을 상상하는 것은 실은 그런 과거가 검증되는 미래를 상상하는 것이라는 말이네.

맞아, 그래.

나름대로 일관성이 있는 것 같지만 납득되지 않는걸.

주요한 포인트는 인간의 시점을 철저하게 밀고 나가는 거야. 알겠어?

저, 잠깐만…. 아, 맞다. 이를테면 선생님의 빰에는 사마귀가 있었을지도 몰라.

그래서?

물론 없었을지도 몰라. 난 기억하지 못하니까. 비록 아무도 기억하지 못하고, 사진도 남아 있지 않고, 선생님이 돌아가셨다고 해도(살아 계시다면 죄송해요), 그래서 검증할 수 있는 여지가 전혀 없다고 내가 생각한다 해도, 그래도 난 선생님의 빰에는 사마귀가 있었을지도 모른다고 생각할 수 있어. 즉 과거에 대한 내 생각은 미래에서 검증하는 것에 대한 생각과 별개야.

흐음.

우리는 다양한 방식으로 과거에 대해 이야기하지. 비록 옳고 그름은 가리지 못할 거라 생각해도, 그렇기 때문에 인간의 인식 능력을 넘어서버렸다고 생각해도, 과거에 대해 이야기하는 경우는 있지 않을까?

그야 그렇지. 예를 들어 우리는 이미 죽어버린 친구의 마음을 헤아려보기도 해. 비록 헤아릴 수 없다는 것을 알고 있어도 말이야.

넌 '인간의 시점을 철저히 밀고 나간다'고 말했지? 네 말 그대로라고 생각해. 그렇지만 '인간의 시점'이라는 것의 의미는 아직 명쾌하지 않은 것 아닐까?

내가 말하는 '인간의 시점'은 현재에서 과거를 돌이켜보는 인간의 인식의 시점을 말하는 거야.

더구나 과거의 사실을 검증하는 시점이잖아. 그런데 인간의 능력이라는 틀 안에서 인간이 과거에 관여하는 방식은 좀 더 광범위하지 않을까?

좀 더 광범위하다….

그렇잖아. 실제로 우리는 기억이나 증거에서 벗어나서 존재하는 풍부한 과거 세계를 이야기하기 시작했으니까.

이야기하기 시작했다고? 그러면 인식의 시점뿐만 아니라, 예를 들면 언어 실천의 시점 같은 것 말이지?

응. 예를 들면 그런 거.

만약 우리가 그런 풍부한 과거 세계를 이야기하기 시작했다면, 과거 이야기에서 드러나는 우리의 과거 개념을 철저하게 밝혀야 해. 그건 러셀의 회의에서 보았던 초월적 과거 개념도 아니고, 검증한 것만 인정하는 협소한 과거 개념도 아니야. 더욱 완곡하고 유연한 것일지도 몰라.

그래.

음, 그렇군. 러셀의 회의를 통해 우리는 과거를 '인간의 인식으로부터 독립적인 과거'로 파악하는 것을 거부했어. 그리고 지금 더 나아가 '인식하는 과거'와 '이야기하기 시작하는 과거'라는 관점으로 나아가고 있다고 할까.

그렇기는 한데, 그런데도 아직 편협한 느낌이 들어.

그건 무슨 소리야?

겉으로 드러나게 이야기하지 못하는 과거. 모습을 드러내지 못하고 숨어 있는 과거 말이야.

거기까지 나가면 러셀의 회의로 다시 돌아가고 말잖아.

잘 모르겠어. 하지만 우리는 다양한 과거를 이깨에 짊어지기도 하고 과거에 발을 딛기도 하면서 현재를 살아가잖아.

그야 그렇지.

어깨에 짊어지거나 발을 딛거나 하는 과거. 그런 과거의 모습은 없을까?

러셀의 회의를 거부하지만, 아슬아슬할 만큼 회의의 경계선까지 가보겠다는 말이야?

응, 그래.

어려운 도전이군.

응.

그럼, 이제 난 책이나 다시 읽을까 하는데….

아, 미안해. 완전히 훼방을 놓아버렸네.

별 말을 다하는군. 그럼 이왕 이렇게 된 거, 책을 덮고 생각 좀 해봐야겠어.

버트런드 러셀(1872~1970)은 영국의 논리학자, 철학자, 수학자로서 다양한 분야에서 영향을 미친 지식인이다. 분석철학의 창시자로 수학을 이용해 논리학의 기틀을 닦았다.

3. 시간의 흐름

조선시대로 시간이동 하더라도 '지금'인 이유는?

시간이 멈췄다면

어제 저녁에 정전이었는데, 알고 있었어?

금방 다시 들어오던데….

그럼 어제 저녁에 잠시 시간이 멈췄던 것은 알고 있어?

무슨 소리야?

농담이야.

무슨 농담이실까?

'시간아, 멈추어라!' 하고 주문을 걸어서 진짜 시간이 멈추면 움직이는 사람도 없고, 영원히 모든 것이 멈추어버리겠지?

엥?

농담이라니까.

그러니까 무슨 농담이냐고?

일단 내 말 좀 들어봐. 지금 시간이 멈추면 세계는 이 상태로 딱 굳어버리겠지. 그리고 얼마 있다가 얼음이 녹는 것처럼 다시 움직이기 시작해. 시간이 중단된 거지! 어제 저녁 아무도 알아차리지 못할 때 그런 일이 일어났을지도 모르잖아?

진심이야?

그런 생각을 하면 왠지 재미있잖아.

그래서, 그 시간은 얼마나 중단되었던 건데?

얼마나라니?

1시간쯤? 아니면 반나절쯤?

아니, 그게…. 시간이 중단된 거니까, 얼마 동안이냐고 묻는다 한들….

헤, 나도 농담이야.

못 말려.

지금 '농담이야'하고 '못 말려' 사이에 실은 만 년이 지나갔다면 정말 재미있을지도 몰라. 하지만 애초에 시간이 중단되면 그 중단의 길이를 잴 수는 없어.

정전과 달리 시간은 절대로 중단되지 않는다는 말인가?

그러니까 원래 '중단된다'고도 '중단되지 않는다'고도 말할 수 없다고 생각해야 하겠지. '중단'이라고 말하면 시작부터 끝까지 시간의 간격이 있다고 생각할 수 있으니까. 그것을 시간 자체에 적용하는 것은 범주 오류(category mistake)일 거야. 다시 말해 '시간이 중단된다'는 말은 무의미한 거지.

시간이 흐른다면 그 속도는?

그럼 '시간이 흐른다'는 말은 어떻게 생각해? 우리는 그렇게 말하잖아.

응, 그렇지.

더구나 시간이 빠르게 간다, 느리게 간다, 이렇게 말하잖아. 그러면 시간이 아주 느려져서 멈추어버려도 좋을 것 같은데, 참 이상하지.

아까도 똑같은 질문을 했지만, 시간이 흘러간다고 하면 그 흐름의 속도는 얼마쯤일까?

그거야 뭐, 시속 1시간쯤 되지 않겠어?

농담하는 거야?

응.

'시간이 흐른다'는 표현도 역시 무의미하다고 할 수밖에 없겠지. '흐름'이 속도를 갖는다고 생각하고 시간 흐름의 속도를 묻는 것이 당치 않다면, '시간'에 대해 '흐름'이라는 개념을 적용하는 것은 무의미할 수밖에 없어.

그래도 '시간이 흐른다'는 말로 우리는 무언가를 이야기하려는 하지 않아? 그렇잖아, 표현은 분명 부적절할지도 모르지만 시간은 흘러가는 것 같지 않아?

그러면 우리는 무엇을 이야기하려고 하는 것일까? '시간이 흐른다'는 표현이 살짝 부적절한 비유라 치더라도, 그것은 무엇을 비유한 것일까?

과거가 지나가고 미래가 다가온다는 것이겠지. 강물을 타고 내려가듯, 사흘 뒤에 보러가기로 한 연극 공연이 점점 가까워져. 미래의 사건은 언젠가 현재가 되고, 이윽고 과거로, 더 나아가 먼 과거로 멀어지지. 아까 너와 만나 내가 시시한 농담을 지껄인 것도 손쓸 도리도 없이 벌써 과거가 되어버렸어.

시간의 강변

그래도 시간의 흐름은 강의 흐름과 결정적으로 다르다고 생각해.

어떻게 다른데?

상상해봐. 강변이 보이지 않을 만큼 까마득히 넓은 강인데, 강의 흐름이 완전히 균일하고 일정하다고 치자. 넌 강물에 몸을 맡겨 하류로 내려가려고 해. 그러면 넌 네가 강의 하류로 내려간다는 사실을 알 수 있을까?

강변이 보이지 않는다는 말은 산의 능선 같은 육지는 전혀 보이지 않고 그저 강물만 보인다는 말인가?

그렇지.

내 뺨에 와닿는 바람이 내가 앞으로 나아가고 있다는 것을 알려주지 않을까?

너, 생각이 좀 모자란 것 아냐? 너는 멈춰 있는데 단지 바람이 분 것일 수도 있잖아.

그런가? 그러면…. 음, 그렇지. 어느 쪽으로 나아가는지 또는 멈춰 서 있는지, 알 수 있는 힌트가 하나도 없다는 거군.

그렇지. 그리고 시간의 흐름은 정말 그래. 시간의 강변, 아니 한가운데라도 상관없어. 시간에 과연 그런 것이 있을까?

흐음.

시간의 흐름 속에서 모든 사건은 한결같이 순서를 조금도 바꾸지 않고 흘러가. 게다가 시간의 강변 같은 것은 없어. 그렇다면 우리는 그곳에서 도저히 '흐름'을 인식할 수 없을 거야.

하지만 '흘러' 가잖아. 달리 말할 방법이 없어서 답답하긴 한데, 어쨌든 시간의 흐름은 있어. 그렇지 않아?

'과거는 멀어지고 미래는 가까워진다'는 것은 무슨 말일까?

음….

건성으로 대답하는군.

그게 아니라, 생각을 좀 하느라…. 그럼 연표에는 시간의 흐름이 없는 걸까?

그건 또 무슨 소리야?

세계에서 벌어진 모든 사건을, 과거에서 미래까지 모든 것을 다 써놓을 수 있다고 한다면….

미래도 써넣을 수 있다고?

그래. 그거야 전지전능한 신이 할 일이지만 말이야. 보는 사건을 세계의 개벽부터 미래의 영겁까지 죄다 써넣은 세계사 연표('우주 연표'라고 부를까?)가 있다면, 거기에서 시간의 흐름은 없어질까?

그건 오히려 완전히 정지해버린 우주겠지.

다시 말해 우주 연표는 강물의 정지 모형 같다는 말이야? 상류, 중류, 하류의 모습을 아무리 정확하게 재현한다 해도, 그것만으로 그 강은 흐르지 않는 것처럼….

그렇겠지. 우주 연표에도 일어난 사건이나 사건들의 선후 관계는 쓰여 있어. 시간의 흐름이라는 관념으로 생각할 수 있는 것은 그뿐만이 아니야. 예를 들어 네가 초등학교에 들어가 차례차례 진급해서 졸업했다는 것, 이 선후 관계를 지닌 사건들이 모두 그대로 관계를 가지면서 점차 먼 과거가 되는 거야.

그렇지만 우리의 세계에는 우주 연표에 없는 것이 있어.

뭔데?

'지금'이야.

그렇구나. 보통 지도에 현재 위치인 '여기'가 나와 있지 않은 것처럼, 미래의 영겁에 걸친 우주 연표에는 어느 지점이 우리가 살고 있는 현재인지 쓰여 있지 않겠네. 그리고 '지금'은 우주 연표라는 시점에서 봤을 때 미래를 향해 이동하는 거고….

알 듯 말 듯 알쏭달쏭하네. '지금'이 이동한다고…. 마치 자동차가 도로를 이동하는 것 같아. 하지만 '지금'은 아마 자동차 같은 것은 아닐 거야. 비유로밖에 이야기할 수 없으니까 답답한데, 어떻게 좀 안 될까?

영원한 '지금'

'지금'에 대해 좀 더 생각해보자. 왜냐하면 '지금'이란 것에 대해 생각하면 모든 것은 '지금'이고 '지금'밖에 없는 것처럼 여겨지니까.

어째서 그런데? 당연한 말이지만 아까의 사건은 이미 '지금'이 아니잖아?

그렇지만 난 '아까'의 사건을 '지금' 떠올리고 있어. 그리고 미래의 사건을 난 지금 예측해. 과거도 미래도 모두 '지금' 있는 것이 아닐까?

뭐야? 러셀의 5분 전 가설 같은 것이 되어버렸잖아?

그럴 염려는 있어. 하지만 과거나 미래를 생각하는 것도, 과거나 미래에 대해 이야기하는 것도, 전부 지금뿐이라는 점은 사실이야.

그야 그럴지도 모르지만….

우리는 '지금'으로부터 도망갈 수 없어. 영원히 '지금'인 거야.

아, 시답지 않은 생각이 떠올랐어. 타임머신을 타고 과거로 갈 수 있다고 해도 그렇겠지? 예를 들어 조선시대로 갔다고 하자. 그렇지만 그곳도 '지금'일 테지.

맞아. 그때에도 우리는 변함없이 '지금 조선시대로 왔다'고 말할 거야.

결국 살아 있는 것은 '지금'이 아니면 불가능해. 뭐, 이것도 당연하다면 당연한 거지만….

그리고 살아 있는 지금을 떠나면 과거도 미래도 없어. 난 지금 눈앞의 광경을 지각하고, 지금 과거의 사건을 떠올리고, 지금 미래의 사건을 짐작해. 말하자면 우주 연표의 한 점에 '지금'을 새겨놓고 거기에 서면, 그곳에서 과거와 미래에 걸친 우주의 시간 풍경이 펼쳐지는 거야.

흐음.

왜? 마음에 안 들어?

왠지 유아론 같아. 유아론은 '모든 것은 내 세계'라고 말하잖아? 그에 따르면 '모든 것은 지금의 세계'라는 말이네.

말하자면 뭐, '유금론(唯今論)'이지.

흥, 마음에 안 들어.

어디가 마음에 안 드는데?

어디냐면… 그러니까 시간의 흐름…?

그 말은 그러니까….

아까 시간의 흐름이란 '지금'이 흐르는 것이라고 말했지?

아,.응.

그렇다면 유금론에 따르면 '지금의 세계'가 다음의 '지금의 세계'로 바뀌는 거잖아.

그래, 그런 거야.

극단적으로 추상적인 이야기를 하자니 머리가 깨질 것 같아. 그림을 그리면서 생각해볼게. 세계 연표의 어느 시점에 내가 서 있어. 그 점에서 '지금의 세계'가 열려. 그리고 시간의 흐름이란 '지금의 세계'가 앞으로 이동해가는 거야. 여기까지 괜찮아?

응, 좋아.

그럼 이 세계 연표는 어디에 있는 거야?

어디라니?

이 세계 연표는 '지금의 세계' 어느 쪽에도 속하지 않잖아?

음, 그렇군…. 과거도 미래도 모든 것은 지금의 세계에 있다고 말하면서 지금의 세계에는 없는 초월적인 시간 축을 집어넣고 말았네….

그러니까 이 그림에서 세계 연표의 부분을 지워보자. 그러면 단지 조각조각 나 있는 '지금의 세계'만 나란히 있을 뿐이야. 그것도 유금론에 따르면 나는 항상 어느 하나의 '지금의 세계'를 받아들이고 있을 뿐이지. 여러 개의 지금의 세계를 나란히 두고 보는 시점 따위는 생각하지 않아. 이렇다면 시간은 흐를 수도 없겠네.

그렇지. 흐를 수 없지.

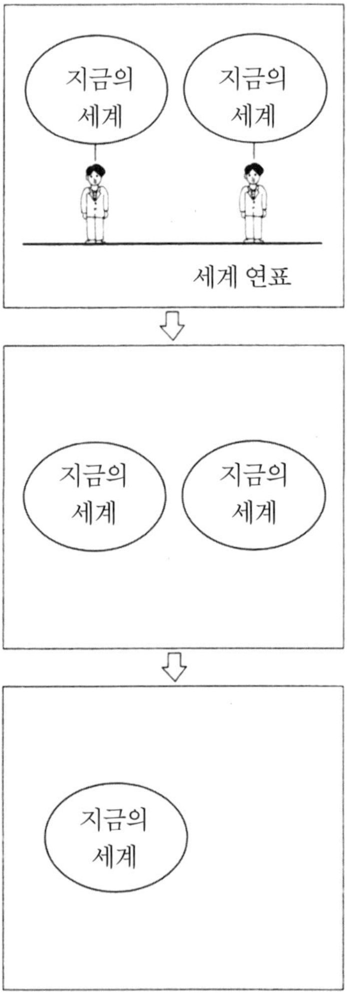
지금의 세계
지금의 세계
세계 연표
지금의 세계
지금의 세계
지금의 세계

세계를 이해하려면 왜 다양한 시점이 필요할까?

좀 더 구체적으로 생각해보자. 아무래도 신발을 신고 발바닥을 긁다 못해 안전화를 신고 발바닥을 긁는 것 같거든.

구체적으로 생각하려 해도 시간 자체에 형체가 있는 것도 아니고 말이지.

그러니까 시간에 관해 우리가 이야기하는 방식을 더욱 자세하게 알아보자는 뜻이야. 예를 들어 사흘 전에 강에서 놀던 일을 지금 떠올려봐. 아니면 반 년 전에 산책하던 일이나. 그런데 이것만으로 시간의 흐름은 나오지 않아.

지금이라는 시점에서 바라본 시간적 전망(perspective)을 통해서 세계를 이해할 수는 있겠지만….

말이 왜 그렇게 배배 꼬였어. 다시 말해 지금 와서 되돌아보면 사흘 전 강에서 놀던 일이 '사흘 전'에 있었다는 것만으로는 시간이 흐르지 않아. 그러니까 아직 정지 화면에 불과해. 사흘 전 물놀이는 나흘 전이 되고 결국 1년 전이 되겠지. 이것이 시간의 흐름을 보여주는 기본적인 장면이야.

흐음.

그런데 이런 단순한 사실이 유금론에서는 나오지 않잖아.

어째서일까?

아까 그림으로 이야기할 때 동의했잖아.

구체적으로 말하니까 잘 모르겠어.

네 머리는 추상적이군.

그러지 말고, 좀!

지금의 '지금의 세계'에서 돌이켜보면 물놀이는 사흘 전 일이야. 그러나 내일의 '지금의 세계'에서 돌이켜보면 나흘 전 일이 될 테고, 또는 어제의 '지금의 세계'에서 돌이켜보면 이틀 전 일이었어. 이런 추이가 시간의 흐름에 관한 것이지. 그러나 유금론이 내일의 '지금의 세계'나 어제의 '지금의 세계'에 대해 어떻게 이야기할 수 있겠어?

그렇구나. 거꾸로 말하면 시간의 흐름에 대해 이야기하는 우리는 내일의 '지금의 세계'나 어제의 '지금의 세계'에 대해 이야기하고 있다는 말이네.

그렇지, 그런데 너와 타협하고 나서 엄청 이상한 어법으로 말했으니까 좀 평범하게 다시 말할게. 그러니까 강에서 한 물놀이는 어제 떠올렸을 때는 이틀 전 일이었지만, 오늘은 사흘 전 일로 떠올린다는 말이야.

하지만 평범하게 말해버리면 그러한 사실 속에는 못 보고 지나치는 놀라움이 있지. 적어도 난 그런 느낌이 들어.

무슨 뜻이야?

'어제의 시점으로는 그 물놀이는 이틀 전 일'이라는 표현은 말하자면 '과거에서 떠올린 과거'와 다름없어. 그리고 '내일이면 그것은 나흘 전 일이 된다'는 '미래에서 떠올린 과거'야. 유금론은 '현재에서 포착한 과거, 현재, 미래'로서 모든 시간 풍경을 '지금'이라는 관점에서 바라봐. 하지만 네가 말한 것처럼, '머릿속에 떠오른 과거'라는 어떤 대상으로서의 과거가 아니라 내가 '떠올리고 있는 과거', 내가 '보고 있는 과거'라는 주체로서의 과거도 있어.

흠, 그렇구나.

우주 연표에는 어디가 '지금'인지는 쓰여 있지 않았어. 그런 의미에서 그것은 시점이 없다고 할 수 있지. 그리고 유금론에서는 모든 것을 '지금'이라는 자리에서 보기 때문에 단순 시점이 돼. 그에 반해 시간의 흐름은 복수의 시점에서 세계를 이해할 때 느낄 수 있는 거야.

다시 말해 우리는 지금 세계가 어떻게 보이고 어떻게 여겨지는가라는 점뿐만 아니라 어제는 세계가 어떻게 보이고 어떻게 여겨졌는가, 내일은 세계가 어떻게 보이고 어떻게 여겨질 것인가도 이해하고 있다는 말인가?

우리는 모든 것을 지금의 자리에서 바라보는 것이 아니라 시점 자체를 과거나 미래로 훌쩍 날려서 과거에서 포착한 세계나 미래에서 포착한 세계도 이해하고 있는 거지.

의미가 변한다는 것과 시간을 흐르게 하는 것

하지만 좀 명쾌하지 않은데? 지금의 시점에서 사흘 전의 물놀이를 떠올리는 경우, 그리고 시점을 훌쩍 날려서 사흘 전 시점에서 포착한 물놀이를 지금 이해하는 것, 이 두 가지가 어떻게 다른 거지?

지금의 시점에서는 사흘 전 일로 물놀이를 떠올려. 그렇지만 사흘 전 시점에서 보자면 그것은 현재형이고 지금 지각하거나 체험하고 있는 물놀이야.

그야 뭐, 그렇기는 하지만 어쩐지 머릿속에 확 들어오지 않아.

뭐가 문제일까?

음, 문제라는 말이 아니라 뭔가 좀 부족해. …아아, 맞다, 이런 거였어.

어떤 거?

그러니까 음…. 너 남한테 배신당한 적 있지?

뜬금없이 무슨 소리야? 그건 왜 묻는데? 뭐, 없다고는 할 수 없지만…. 거 참, 생뚱맞게시리….

지난주에 어떤 사람에게 듣기 좋은 소리를 들었는데, 오늘에서야 그 사람이 거짓말을 했다는 것을 알았다고 치자.

그래서?

지금 그 일을 떠올려보면 이미 속았다는 것을 알았기 때문에 지난주에 있었던 일이 완전히 다른 의미로 떠오르는 거야. 상대방의 말, 표정, 태도 모두…. 그뿐만 아니라 그 사람의 말과 태도를 순순하게 받아들이던 지난주의 자신에 대해서도 다시 생각하게 되지.

그럴 경우에는 지난주의 시점에서 본 사건의 의미와 지금의 시점에서 보는 사건의 의미가 극적으로 달라지겠네.

역사적인 사건에서도 그런 관점의 변화가 일어나잖아.

그렇지. 이를테면 현재의 시점에서 전쟁을 돌이켜보는 경우와 전시 체제 때 사람들이 가졌던 견해는 상당히 다를 테니까 말이야.

응. 그런 식으로 생각하면 과거의 시점을 돌이켜 불러내는 것이 반드시 쉬운 일은 아닐 것 같아. 우리는 대부분의 경우 현재의 시점에서만 과거를 재구성하지. 하지만 그렇다고 해서 과거의 시점이 없어지는 것은 아니야.

특히 지금 예로 든 사례처럼 어떤 사건에 부여한 의미가 시간과 더불어 변할 경우에는 예전의 시각과 지금의 시각을 동시에 고려하잖아. 이렇게 세계의 의미가 변한다는 것을 의식하는 점을 고려할 때, 복수 시점으로 시간을 이해하는 게 중요해진다는 거구나.

그런 느낌이야.

게다가 그것은 과거의 세계 모습이 어떠했는지 뿐만 아니라 과거에 자신이 세계를 어떻게 파악하고 있었는지에 대한 인식이기도 해. 단지 세계를 인식하는 거라면 세계 연표처럼 특정 시점 없이 파악해도 상관없어. 혹은 모든 것을 '지금'의 자리에서만 파악하는 유금론처럼 한 가지 시점으로만 보는 것도 상관없고 말이야. 하지만 이야기가 자기 인식의 영역으로 들어오면 예전의 자기 시각을 주제화할 수 있어야 해. 즉 복수의 시점으로 파악할 필요가 있지.

그러면 시간의 흐름이란 자기 인식이라는 장면에 관여할 때 나오는 것인가?

그런 셈이지.

다시 한 번 물놀이의 경우로 생각해보면 어떨까?

사흘 전 현장으로 돌아가 그때의 에피소드를 생각해보자. 사흘 전 강에 막 도착했을 때 강을 보니 금방이라도 발을 담그고 놀 수 있을 것 같았지. 그리고 실제로 발을 담갔어.

담갔다고? 발을 잘못 딛는 바람에 엉덩방아를 찧었다고.

맞아, 그때는 앞으로 무슨 일이 벌어질지 몰랐고, 이후에는 뭘 어떻게 할 수도 없는 한심한 기분이었어. 그렇지?

뭐, 좀 그랬지.

하지만 지금 그 강을 떠올리면 금방이라도 발을 담그고 놀 수 있을 것 같다는 생각이 들지 않아. 그리고 엉덩방아 사건과 거기서 느낀 한심한 기분은 성질이 달라졌지. 벌써 다 끝난 일이니까 그렇게까지 황당한 기분은 들지 않는 거야.

강에서 물놀이를 하는 경우에도 역시 내 시각이나 태도는 변화하고 있다는 말이군.

그래.

이야기가 생각지도 못한 쪽으로 전개되어서 아직 충분히 납득이 가지는 않아. 그래도 한 가지는 확실해졌어.

뭔데?

세계의 모습, 사물이나 사건만 생각해서는 시간은 흐르지 않아. 거기에 담긴 보는 자의 존재, 세계에 대한 시각이나 태도야말로 시간을 흐르게 하는 거야.

거기까지는 확실하다고 생각해. 그러니까 자신과 세계는 동떨어질 수 없다는 점을 철저히 밀고 나가야 한다고 생각해.

그래. 그 점을 아직 잘 모르겠어. 그리고 사실은 모르겠는 게 하나 더 있어.

뭔데?

우리가 논의하는 동안 시간은 흘러갔을까?

….

복수의 시점에서 시간을 이해한다고 하자. 그러면 몇몇 세계의 시각을 긁어모으기는 했어도 그것은 아직 단편의 집합일 뿐 '흐르고' 있는 것은 아니잖아? 우리는 단지 복수의 시점으로 정지한 화면을 잔뜩 모은 것은 아닐까? 그런 생각이 들어.

역시 너도 그렇구나.

'너도'라니?

나도 그렇게 느꼈거든.

에구구!

헤겔(1770~1831)은 자연에서 시간은 '지금'의 연속이라고 말한다. 과거와 미래는 인간의 의식 속에 존재하며, 인간은 자연적 시간이 아닌 역사적 시간 속에서 자아를 확립한다고 보았다. 베르그송(1859~1941)은 개개인이 삶을 경험하는 방식에 따라 질적으로 다른 의식의 시간을 가진다고 말한다.

4. 사적 체험

내가 보는 빨간 색은 다른 사람에게도 빨간 색일까?

이 세상의 색이 반전되어 보인다면? 역전 스펙트럼

남이 보고 있는 색깔과 내가 보고 있는 색깔이 같을까, 다를까? 내가 '빨강'이라고 부르는 색은 남이 '빨강'이라고 부르는 색과 정말 같은 색일까? 넌 이런 생각을 한 적이 있어?

특별히 생각해본 적은 없어. 그런데 같은 색 아닐까?

근거는?

뭐? 근거? 난 색맹도 아니고 색각이상도 아니니까.

그런 말이 아니잖아.

그럼 무슨 말인데?

색맹이라면 빨강을 제대로 '빨강'이라고 알지 못하고, 실제로 색을 알아보는 데 지장이 있어. 하지만 지금 생각하는 것은 실제로는 아무런 지장도 없이 빨강은 '빨강'이라고 말하고, 파랑은 '파랑'이라고 말하는 사람, 즉 나와 너 같은 사람이야. 이야기를 주고받는 데 아무런 지장도 없고, 교통 신호에 따라 움직이는 것도 순조로워. 그런데 어떤 사람이 '빨강'이라고 부르는 색은 내가 보기에 '파랑'이라고 부르는 색일지도 몰라. 나와 그 사람이 보고 있는 색의 스펙트럼이 완전히 역전되어 있을 수도 있는 거지.

그러니까 예를 들어 '푸른 바다다!'라고 말하지만 실제로 그 사람에게는 새빨간 바다로 보일지도 모른다는 말이야?

그럴지도 몰라.

자, 그럼 그 사람에게는 바다의 느낌이 완전히 다르겠네? 차디찬 푸른 바다가 불타오르는 용암처럼 보이는 거야?

뭐, 생각해봐. 그 사람 눈에 용암은 어떻게 보일지….

아, 그런가? 용암이 청백색으로 반짝거리는 것처럼 보일까? 그건 태어나면서부터 계속 그런 거지?

그렇게 상정하자고.

선천적으로 그렇다면 그 사람에게는 도리어 청백색이 뜨거운 인상을 주겠구나. 그리고 그것을 그는 '빨강'이라고 부를 테니까 앞뒤는 맞네.

그렇지. 그리고 빨강이 차가운 인상을 주는 거야. 그리고 그는 그것을 '파랑'이라고 부르지.

내가 '빨강'이라고 부르는 색과 '노랑'이라고 부르는 색을 섞으면 그 사람은 이 색을 어떻게 볼까?

'빨강'과 '노랑'을 섞으면 '주황'이 되겠지. 다시 말하지만 실제의 대화와 행위에서는 이질적으로 느껴지지 않아. 그렇지만 그가 '주황'이라고 부르는 색은 내가 보면 '초록'이라고 부르는 색일지도 몰라.

음, 그렇군. 그러면 체계적으로 논리가 맞아 떨어지도록 어긋나니까 언어만으로는 알 수 없겠네. 하지만 실제로는 다른 색깔을 보고 있는 것일지도 모른다는 말이지. 그의 눈에 이것이 어떤 색으로 보이는지 난 알 수 없고….

이런 걸 생각하지 않는 사람은 평생 생각하지 않을 테지만,

생각하는 사람도 꽤 있을 거야. 사람에 따라서는 꽤 이른 시기에 이런 생각을 하고 기분이 이상해지기도 하는 것 같아.

난 지금 처음으로 생각하게 되었는데, 분명히 기분이 이상하기는 해. 하지만 이건 색깔에만 해당되는 이야기는 아니잖아. 예컨대 너에게 '얼얼하다'는 건 어떤 느낌이야?

글쎄, 어떻게 대답하면 좋을까?

다들 '얼얼하다'고들 하는데 누구나 똑같은 느낌을 가리키는 것일까? 네가 '얼얼하다'고 말할 때, 나라면 '뜨끔뜨끔하다'고 말하는 느낌일지도 모르고, 아니면 내가 느낀 적 없는 이상한 느낌을 너는 '얼얼하다'고 할지도 몰라.

음, 그렇기도 하겠다.

형태는 어떨까?

이를테면 네가 '삼각형'이라고 부르는 형태는 내가 '원'이라고 부르는 형태일지도?

그건 좀 억지 아니야?

어째서?

원이라면 피타고라스의 정리를 증명할 수 없잖아?

그렇지만 정합적으로 어긋난다면 상관없잖아. 예컨대 네가 '직선'이라고 부르는 것이 내가 보기에는 아무리 봐도 구부러져 있다거나….

그래도 구부러진 선을 '직선'이라고 부르면 자로 잴 수 없잖아?

아니지, 아니야.

뭐가 아니야?

그럴 경우에는 자도 구부러져 보일 테니까 잴 수 있지.

아아, 그런가?

여하튼 기하학을 증명하거나 토지를 측량할 때 앞뒤 논리는 맞지만, 보고 있는 형태가 다를지도 모르지.

그렇다면 네 안구가 일그러진 렌즈라서 마치 일그러진 거울에 비친 도형으로 기하학적 증명을 하는 것과 같다는 말이구나.

비유를 갖다 대자면 그런 느낌이겠지.

그렇다면 네가 '의자'라고 부르는 사물이 내게는 '책상'이라고 부르는 것으로 보이기도 하고, 네가 '고양이'라고 부르는 동물이 내게는 '개'라고 부르는 것으로 보일 수도 있다는 말인가? 나한테는 '고양이가 야옹야옹 우는' 광경이 네 눈과 귀에는 '개가 멍멍 짖는' 광경으로 보이고, 그것이야말로 넌 '고양이'가 '야옹'한다고 배웠으니까 어디까지나 '고양이가 야옹야옹 운다'고 묘사할 거라고? 그래서 이상하지 않다는 거야? 으악, 머리가 이상해질 것 같아.

그렇게까지 밀고 나가면 앞뒤 논리가 맞을지 안 맞을지 불안하네. 하지만 어떻든지 타인이 지각하는 세계와 실제로 내가 지각하는 세계는 전혀 다를지도 모른다는 말이야.

네가 '빨강'이라고 부르는 색깔은 어떤 색깔일까?

재미있기는 한데, 그래서 어쨌다는 거야?

뭐?

그러니까 색맹과는 달리 실생활에는 아무런 영향도 없는 이야기잖아.

응, 없지.

뭐, 그럼 됐잖아.

정말 그렇게 생각해?

음, 그게…. 그야 기분이 께름칙하기는 해, 이런 생각을 하면….

아까 말한 것처럼 어떤 사람들은 실제로 이런 회의에 사로잡혀 어쩔 줄 몰라해. 마찬가지로 너도 생각하다보니 이런 회의를 내가 말한 것보다 더 과격한 형태로 파악하게 됐잖아. 문제는 우리가 이렇게 타인의 지각에 대해 의심을 하게 된다는 점이야. 실생활에서는 별 상관이 없을지도 몰라. 하지만 이런 회의에 도달하는 것도 지극히 인간적인 현상이야. 그리고 이 회의에 '뭔가 께름칙하다'고 반응하는 것도 지극히 인간적이지. 그러니 께름칙한 기분을 무시하지 말고 이 회의를 더욱 깊게 파고드는 거야. 그러면 우리 자신에 대해 더 알게 될지도 몰라. 실제로 여기에는 철학이 문제로 삼아야 할 무언가가 있어. 이러한 회의 자체는 계기에 불과할 수 있지만, 이게 지렛대가 되어서 앞으로 나아갈 길이 열릴지도 모르지.

알았어. 미안해. 연설까지 하게 해서….

별 말씀을. 들어줘서 고마워.

그런데 뭐가 다를까? 타인과 나는….

아니, 다르다고 말하지는 않았어. 다를지도 모른다, 알 수 없다고 말했지.

음, 그야 그런데, 뭐라고 하면 좋을까…. 여하튼 대화와 행위의 앞뒤 논리는 잘 들어맞잖아.

그래.

내가 네게 '거기 있는 빨간 종이 좀 집어줘' 하고 말하면, 넌 내 눈에 빨갛게 보이는 종이를 집어주지.

그리고 그 종이는 나한테 네가 '파랑'이라고 부르는 색으로 보일지도 몰라.

어른에게 '빨강'이라는 말을 배울 때는 어떤 식이 될까?

어째서?

그게…. 네 말을 듣고 무엇이 께름칙한지를 좀 더 생각해보려고 하는데, 아직 어디가 문제인지 잘 알 수가 없어서 말이야. 네가 상대를 좀 해줄래?

좋아, 알았어. '빨강'이라는 말을 배울 때 말이지? 글쎄, 예를 들어 사과를 가리키면서 '빨간 사과'라고 가르치곤 하지.

그때 여하튼 난 그 사과로 보는 색깔을 '빨강'이라고 배워.

그렇지.

그래서 난 그것을 가리켜 '빨간 사과'라고 말하는 것이니까 내가 보고 있는 색은 '빨강'이라고 부르는 색이야. 그리고 어른이 보고 있는 색도 당연한 말이지만 '빨강'이라고 부르는 색이야. 그런데 넌 내가 보고 있는 색과 어른이 보고 있는 색이 서로 다를 수도 있다고 말해.

흐음.

뭐가 다를까?

그러니까….

넌 이 종이 색깔을 무슨 색이라고 해?

'빨강'이지.

나도. 그런데 네가 '빨강'이라고 부르는 색은 어떤 색이야?

그건….

이상한 질문이기는 하지만 제대로 대답해주었으면 해. "네가 '빨강'이라고 부르는 색은 어떤 색인지?"

대답할 방법이 없군.

그렇지는 않을 거야. 네가 '빨강'이라고 부르는 색은 곧 빨간 색일 거잖아. 나도 그래. 내가 '빨강'이라고 부르는 색은 빨간색이야. '빨강'이라는 말로 올바르게 부르는 색이 파랑다면, 어휴 그러면 곤란하지.

아, 골치 아파. 뭐가 뭔지 모르겠어. 무슨 말이 하고 싶은 거야?

으이쿠, 나도 뭐가 뭔지 모르겠네. 어쩐지 간단명료한 것도 같고 복잡기괴한 것도 같고…. 으윽. 나 살려.

지각 세계의 자폐

어쨌든 우리는 '빨갛다'고 불러야 할 색을 올바르게 '빨갛다'고 하고 '파랗다'고 불러야 할 색을 올바르게 '파랗다'고 말해. 이 레벨에 머무르기만 하면 아무 문제도 일어나지 않아. 그래도 뭔가 대단히 개인적이고 사적인 체험이 있을 것 같은 기분을 떨쳐내지 못하겠어.

그렇구나. 모든 사람이 '빨강'이라고 부르는 색과 '내가 보고 있는 이 색깔' 같은 것이 있단 말이지. 더구나 '나만 보고 있는 색깔'도….

언어는 공공적인 거야. 하지만 사적인 체험도 있지. 언어의 공공성에 주목할 때는 대화와 행위에 앞뒤 논리만 맞으면 그걸로 만사형통이라 할 수 있어. 하지만 사적 체험에 주목하기 시작하면 도리어 그것을 능숙하게 표현할 수 없는 공공언어가 거북해져.

그래서 동요하는 거겠지. 아무렇지도 않아 하는 기분과 하고 싶은 말을 할 수 없다는 답답함 사이에서 말이야….

이러한 회의를 보통의 말로 표현할 수 없을까?

글쎄?

아까 네가 나한테 "네가 '빨강'이라고 부르는 색은 어떤 색이지?" 하고 물었을 때 난 본의 아니게 '빨강'이라고 대답할 수밖에 없었어.

그래, 본의 아니게 말이지.

타인에게 질문을 던지면 아무래도 타인과 공공적 언어로 토론할 수밖에 없어. 그런데 만약 처음부터 끝까지 자문하는 형태를 취하면 어떨까?

어떤 식으로?

"내가 '빨강'이라고 부르는 색은 그가 '빨강'이라고 부르는 색과 동일할까?"

타인에게 묻는 경우와 어떻게 다른데?

'빨강'의 의미는 공공적으로 정해져 있을지 모르지만 "내가 '빨강'이라고 부르는 색"이라는 말은 내가 보고 있는 색을 가리키고 있어.

'동일하다'는?

응?

"내가 '빨강'이라고 부르는 색은 그가 '빨강'이라고 부르는 색과 동일할까?"라고 넌 자문했잖아. 그런데 '동일한 색'이라는 것이 예컨대 '양쪽을 비교했을 때 차이가 없다'는 뜻이라면 곤란하지 않아?

왜?

왜냐고? 네가 보고 있는 색깔과 내가 보고 있는 색깔은 비교할 수 없잖아? 만약 내가 그것을 비교하려고 하면 양쪽 다 내가 보고 있는 색깔이 되어버릴 테니까.

아, 그렇구나. 그러면 '내가 보고 있는 이 색깔'과 '남이 보고 있는 색깔'을 비교하는 것은 불가능하고, 양쪽의 같고 다름을 이야기하는 것은 논리적으로 불가능하다는 말이네.

응.

그러면 애초에 내 지각 세계와 남의 지각 세계를 비교하는 건 불가능하구나. 둘은 완전히 단절되어 있어.

어라? 자폐가 되었네.

의미의 자폐

'내가 보고 있는 이 색깔'이라는 표현이 아무래도 좀 의심스럽지 않아?

뭐라고 해야 할지 잘 모르겠어.

예를 들어 "내가 '빨강'이라고 부르는 색"이라는 표현을 생각해볼까? 이 표현은 보통 사람들이 말하는 '빨갛다'는 말과 다른 의미로 쓰고 싶다는 거잖아?

그렇지. 좀 미묘한 문제이긴 해. 천천히 생각해보자. '빨갛다'는 말은 사물의 성질을 나타내는 말이고, '사과는 빨갛다'든가 '저녁노을은 빨갛다'는 식으로 말해. 그리고 '사과가 빨갛다'는 것에 대해, 또는 '저녁노을이 빨갛다'는 것에 대해서는 나도 너도 일치하지. 그러나 "이 사과는 내가 '빨갛다'고 부르는 색깔을 띠고 있다"고 말할 때, 넌 그 의미를 알 수 없어.

왜 그런 걸까?

왜냐하면 "내가 '빨강'이라고 부르는 색"이 의미하는 색은 내가 보고 있는 이 색을 말하는 것이고, 넌 그것을 볼 수 없기 때문이야. 그에 반해 사과의 '빨강'은 너도 나도 볼 수 있어.

알겠다고 말하고 싶은데, 도저히 모르겠다.

무엇을 모르겠는데?

네가 말하는 "내가 '빨강'이라고 부르는 색"이란 보통의 언어로는 변함없이 그냥 '빨강'을 말해. 물론 네가 단어를 올바르게 사용하고 있다면 말이야. 네가 그것을 '빨강'이라고 부르고, 나아가 올바르게 그렇게 부르고 있다면, 그것은 빨강일 수밖에 없어.

그러니까 뭐라고 해야 할지 잘 모르겠어.

그럼 그 색깔에 너만의 이름을 붙였다면 어떨까? '빨강'이 아니라 예를 들면 '발그레'라든가….

그럼 네 색깔에는?

'발그레그레'

인간의 수만큼 이름이 있다는 말인가?

그렇지.

억지 부리는 거 아니야?

어쩔 수 없잖아. 달리 말할 방법이 없으니까 말이야. 너에게 '빨간' 것은 '발그레'로 보여. 하지만 '발그레'가 어떤 색인지 난 알 수 없지. 아, 잠깐만, '발그레'가 '색깔'이라는 건 어떻게 알 수 있지?

오, 과연. 우리는 '빨강'이나 '파랑' 같은 말로 나타내는 사물의 성질을 총괄해서 '색깔'이라고 불러. 그래서 '발그레'는 원래부터 '색깔'의 일종이라고 부를 수 있을 것 같지 않아.

그럼, '색까리'야, 네 경우에는. 내 경우는 '색까리까리'이고, 네 경우에는 '빨강'과 '노오랑'을 섞으면 '주화아앙'이 되고, 내 경우에는….

그만해, 됐어.

흠, 의미까지 자폐로 빠지고 언어도 사적인 것이 되었어.

나만을 위한 언어

'발그레'가 무엇을 의미하는지 넌 알지 못해. 그것은 이것을 말하지만 네게 이것은 보이지 않아. 넌 네 언어를 갖고 있고 난 내 언어를 갖고 있어. 더구나 그것은 서로 번역할 수 없고 이해할 수 없어. 완전히 독립적인 언어, 아니 그보다는 고립될 수밖에 없는 언어야.

그 말은 곧 커뮤니케이션에도 도움이 안 된다는 말이네.

당연하지.

그렇다면…. 그걸 언어라고 부를 수 있을까? 그러니까 그건 언어로서의 기능을 전혀 못한다고 생각하지 않아?

그럴까? 내 언어는 내 시야에 보이는 것을 기술하는 데 사용할 수 있어. '이것은 발그레'라는 것은 무언가 발그레한 색의 영역이 내 시야에 나타났다는 것을 말하고 있잖아.

으음.

남에게 부탁을 하거나 뭔가를 전하려고 할 때 그 말은 쓸 수 없어. 사적인 언어니까 당연해. 이것은 내 사적 체험을 기술하기 위한 나만의 전용 언어니까.

야, 잠깐만!

왜?

아니, 잠깐만 기다리라니까.

…

알 것 같아.

뭘?

아슬아슬했어. 좀 더 신중하게 생각해보자. 아, 그렇지, 어떤 종류의 정신 장애로 언어 사용이 이상해지는 증상이 있다고 하자. 빨간 것을 '파랑'이라고 말하거나 개를 '고양이'라고 말하는 증상….

그런 증상이 있을까?

몰라. 어차피 이건 사고 실험이잖아.

그런데 그건 무언가 보는 방식이 이상해지는 증상일지 몰라. 언어 사용이 이상한 것이 아니라….

원인은 어떻든지 언어 구사가 비정상적이라는 점은 사실이잖아. 자꾸 잘못된 언어를 사용하는 증상이니까.

음, 뭐 그런가.

이런 종류의 비정상을 '언어 착란'이라고 부르자.

그러자. 그래서? 아직 사적 언어와 무슨 연관이 있는지 잘 모르겠는데?

사적 언어에는 언어 착란의 가능성이 없어.

어째서?

네 시야가 어떤 상태가 되어 네가 '발그레'라고 부르고 싶어졌다고 하자. 그때 그 상태는 실로 '발그레'라고 불릴 수밖에 없어. 그렇게 부르고 싶은 사람은 너밖에 없으니까. 그래서 비록 사적 언어로 언어 착란적인 상황에 빠진다고 해도 넌 자신의 언어 사용이 잘못되었다는 것을 깨닫지 못해. 아니, 깨달을 수 없어.

뭐? 그렇지만 아까 예를 들어 '파라앙'이라고 불렀던 상태를 지금은 '발그레'라고 부르게 되었다면 역시 이상하잖아.

하지만 정말은 파라앙인데도 잘못해서 '발그레'라고 불러 버리는 일도 네 시점에서 일어나는 일일 뿐인데, 그게 잘못되었음을 어떻게 알 수 있지?

알 수 없나? 그러면 거꾸로 공공 언어의 경우에는 어떻게 될까?

공공 언어의 경우에는 주변 사람들이 어떤 사람이 사용하는 언어가 잘못되었다고 정정해줄 수 있겠지. 말하자면 제3자가 개입하여 언어 사용의 '올바름'이나 '잘못'을 말할 수 있어. 그렇지만 사적 언어는 제3자의 개입을 완전히 거부해. 그러면 '올바름'도 없고 '잘못'도 없어.

과연, 그렇군.

그러니까 넌 그 상태를 '발그레'라고 하든 '파라앙'이라고 하든 부르고 싶은 대로 부르면 되고, 부르고 싶은 대로 부를 수 밖에 없어.

사적 언어는 공적 심판을 받지 않기 위해 무정부적 상태가 되는 건가?

무정부적이라기보다는 더 질이 나쁘지 않을까? '이것은 발그레'는 네 시야의 상태를 기술하는 것이라고 넌 말했지만, '발그레'에는 뭔가 어떤 상태를 특정해서 말하는 힘은 없다고 생각해. 그것은 단지 "이것은 내가 '발그레'라는 발음으로 내뱉고 싶어지는 상태"라는 것을 말하는 데 지나지 않아.

그렇게 되면 사적 언어는 이미 언어라고 부를 수 없는 거네.

오히려 잠꼬대 같은 것이 아닐까?

흠, 깐깐하시긴.

그런 점에서 사적 언어의 급소를 틀어쥐었다고 생각했는데 말이야.

틀어쥐었다고?

아닐까?

한마디로, 내가 어떤 상태가 되고 난 그것을 '발그레'라고 표현하고 싶어. 그러나 "아니, 그것은 사실은 '발그레'가 아니야"라고 내 언어 사용을 정정해주는 사람은 아무도 없어. 그렇기 때문에 난 무엇이든 입으로 내뱉고 싶은 것을 내뱉으면 돼. 그러면 그것은 이미 언어가 아니야….

그냥 잠꼬대야.

그러나 만약 사적 언어의 경우라고 해도 착란을 일으켜버렸다면 무언가 부정합이나 모순이 생기는 것은 아닐까?

아니, 그렇지 않아. 부정합이나 모순은 '빨강'이나 '파랑' 같은 공공 언어의 차원에 해당하지. 그리고 지금 넌 대화나 행위는 앞뒤 논리가 맞아 떨어진다고 상정하고 있으니까 어긋나는 점은 나오지 않잖아.

그런가?

다시 말해 사적 언어라는 자기 전용의 언어 따위는 있을 수 없어. 그러니까 역시 사적 체험을 언어로 표현하는 일은 불가능하다는 말이 되지.

아직 뭔가 개운하지 않아. 일단 지금은 반론을 펼칠 수 없지만 말이야. 그렇지만….

그렇지만 뭐?

사적 체험은 있어. 그렇지?

흐음.

비트겐슈타인(1889~1951)은 『철학적 탐구』에서 사적 언어의 불가능성을 논한다. 사적 언어란 그 언어를 사용하는 사람만이 이해할 수 있는 언어다. 하지만 언어는 본질적으로 규칙이 있으며 공적인 성격을 지닌다. 따라서 체험이 사적이라 하더라도 그것을 가리키는 말은 사적일 수 없다는 것이다.

5. 경험

커피 잔을 놓치면
언제나 아래로 떨어질까?

영구치는 다시 나지 않는다?

악, 아파!

무슨 일이야?

이가 아파.

그거 안됐군.

이빨은 다시 나지 않는 걸까?

네 나이에 달렸지.

상어는 이빨이 몇 열이나 나는데, 앞 열이 상하면 다음 열이 앞으로 나오고, 또 뒤 열이 보충한다고 하지 않아?

네 이빨이라면 다시 날지도 모르겠는데….

무슨 근거로 그런 말을 해?

근거는 없어.

무책임하군. 아이고, 아파.

그럼, 넌 왜 네 이가 다시 나지 않을 거라 생각해? 그 근거가 뭐야?

사람이 아프다는데, 넌 철학이나 떠들어댈 생각이냐? 이 무정한 놈!

힘들면 안 해도 돼.

잘 들어봐. 10년 전에 내가 사랑니를 뺐단 말이야. 이가 다시 나왔을까?

어디, 어디? 아니, 아직 안 났어.

아직 안 났다고? 그게 아니라 다시 날 일이 없을 거야.

그걸 어떻게 알아?

어이쿠, 쑤셔라. 머리까지 지끈거리는 것 같아.

우리의 지식은 일반성을 갖고 있어. '인간의 영구치는 다시 나지 않는다'는 것은 인간의 일반적인 영구치에 대한 지식이야. 미래를 예상하거나 예측할 수 있는 것도 지식이 일반성을 갖고 있기 때문이야. 영구치가 다시 나지 않는다는 것에 대해 우리는 '지금까지 줄곧 모든 치아가 그랬다', '그러니까 언제나 그러할 것이다', '그렇기 때문에 이 치아도 다시 나지 않을 것이다', 이런 식으로 추론해.

정말 남의 고통 따위는 모르는 놈이군.

그거야 뭐 사적 체험이니까.

흥, 그래?

계속해도 돼?

하시든지.

네가 '이 치아는 다시 나지 않는다'고 생각하는 경험적 근거는 '지금까지 줄곧 모든 치아도 그랬다'는 데 있어. 그런 경험이 충분히 많을수록 무언가를 일반화하거나 예측을 할 때 신빙성이 더해진다고 보통은 생각하지.

'…이러이러하다고 보통은 생각하지'라니? 어쩐지 '그렇지만 사실은 그렇지 않다'고 말하는 것 같잖아.

흠, 그렇지만 사실은 그렇지 않아.

어이, 이것 봐….

'지금까지 줄곧 그랬다'는 현상이 계속해서 관찰된다고 해서, 그것에 기초한 일반적 지식의 정당성이 보장되는 건 아니거든.

야, 보자보자 하니까…. 아이쿠, 욱신욱신하네…. 이봐, 경험치라는 것이 있잖아. 예를 들어 경험 많은 어부가 바닷가에 서서 바람과 구름을 보고 '오늘은 풍랑이 일겠군' 하고 말하면 정말로 풍랑이 일잖아. 나 같은 놈은 본다고 한들 알 수 없지만…. 이건 경험을 말하는 것 아냐?

너한테는 어떤 경험이 있어?

엥?

대체로 물건을 손에서 놓으면 아래로 떨어지잖아.

뭐야? 누굴 바보로 알아?

아니, 이런 일이라면 너도 많이 겪었을 것 같아서.

흥, 역시 바보 취급이군.

손에 쥐고 있는 커피 잔을 놓아버리면 밑으로 떨어져. 지금까지 줄곧 그랬어. 그러니까 항상 그럴 테지. 그렇기 때문에 이번에도 이 컵을 손에서 놓으면 밑으로 떨어질 것이다, 그렇게 생각할 거야. 그런데 '지금까지 줄곧 그랬던' 것이 어째서 '앞으로도 늘 그럴 것이다'라는 것을 보증할 수 있어? 지금까지 줄곧 먹이를 주어 키워왔던 병아리는 어느 날 갑자기 잡아먹히지. 이제까지 줄곧 밑으로 떨어지던 커피 잔이 어느 날 갑자기 위로 올라갈지도 몰라.

접시라면 날아갈지도 모르지만….

그건 또 무슨 소리야?

쳇, 아무 말도 아니야.

혹시 하늘에 날리는 원반(flying saucer)을 말하는 거야?

그러니까 아무 말도 아니라니까. 그보다 하던 이야기나 하자. 네가 말하는 것은 말꼬리를 잡는 생트집이야. 그렇지만 어떻게 응수해야 할지….

태양이 갑자기 서쪽에서 떠오른다면

이런 말일까? 병아리가 비극을 겪은 이유는 자기 몸이 성숙해진다는 것을 염두에 두지 않아서가 아닐까? 다시 말해 이제까지 줄곧 그랬다는 경험과는 달리 지금은 사정이 달라졌다는 말이지. 맛있어 보일 만큼 컸기 때문에…. 하지만 커피 잔의 경우는 딱히 여태까지의 사정과 달라진 게 없어. 그렇다면 '지금까지와 똑같이'라고 생각해도 되지 않아?

'다른 사정이 있어 변화하지 않는 한 사물은 지금까지와 똑같이 진행될 것'이라고 넌 말하고 싶은 거지?

그래. 이를테면 이제까지 줄곧 태양은 동쪽에서 떠올랐어. 그러다 어느 날 갑자기 서쪽에서 떠오르기 시작할지도 몰라. 그래도 그때는 전날 엄청난 천지개벽이 일어났을 거야. 그런 일도 없이 언제나처럼 해가 지고 새벽이 밝았다면, 언제나처럼 아침이 올 거야.

그러면 '사정이 달라져 변화하지 않는다면 사물은 지금까지와 똑같이 진행될 것'이라는 네 주장을 '자연의 제일성 원리'(齊一性 , uniformity. 자연은 동일한 사태 아래서는 동일한 현상을 일으킨다)라고 부르자.

그렇게 대단한 이름을 붙여주니 부끄럽군.

무슨 소리! 이 원리야말로 문제거든. 우리는 도대체 어떻게 이 원리에 도달한 것일까?

어떻게…라니?

이 원리도 일반적 지식이야. 그렇지?

그런가? '자연은 제일적으로 진행되고, 늘 그렇다'는 것이니까. 어라? 그렇다면….

그러면 이렇게 되지 않을까? '지금까지 줄곧 자연은 제일적으로 진행되었다. 그러니 늘 제일적으로 진행될 것이다.'

응.

다시 말해 제일성의 원리도 또….

아, 뭘 말하고 싶은 건지 알았다!

알았다고?

그래. 그런데 엄청 혼란스럽네. 일반적 지식을 확립하려면 제일성의 원리가 필요해. 그러나 제일성의 원리 자체가 일반적인 지식의 하나니까…. 거참, 망했군. 절묘하게 받아치는구나. 제일성의 원리를 확립하기 위해서는 다시 한 번 제일성의 원리를 활용해야 한다는 말이니까. 그렇지만 제일성의 원리가 성립하는지 아닌지를 알아보기 위해 제일성의 원리 자체를 활용해버리면 짬짜미로군. 논점을 미리 차지해버리는 놈이야. 그러면 '이제까지 줄곧 제일성의 원리가 성립했었다'는 것으로 '늘 제일성의 원리가 성립한다'고 결론 짓는 것도 불가능해져버려. 으악, 또 쑤시네.

사물을 손에서 놓으면 대체로 밑으로 떨어진다는 것 말이야, 넌 맨 처음에 경험의 축적이 이것을 정당화한다고 생각했어. 하지만 축적된 경험은 과거의 일이야. 그에 반해 일반화된 지식은 미래에까지 지속돼. 과거의 경험이 어떻게 미래에 대한 판단에 근거를 제공할 수 있을까? 그 대목에서 넌 '사정이 달라져 변화하지 않는다면 자연은 이제까지와 똑같이 진행된다'는 제일성의 원리를 끌어왔어.

뭐, '관성의 법칙' 같은 것이로군.

그런데 제일성의 원리도 또 일반성을 갖고 있어. 그렇기 때문에 경험의 축적은 어떻게 제일성의 원리에 근거를 제공할 수 있을까, 이것을 물어야 해. 그렇게 되면 제일성의 원리에 호소하기에는 이미 늦은 거지.

흠, 돌겠네.

경험은 이렇다고. 경험의 축적은 일반적인 지식에 근거를 제공해주지 않아.

'돼지 우리처럼 더럽다'는 말의 근거

머리로는 알겠어. 그렇지만 역시 납득이 가지 않아. 그럼 경험의 축적은 아무런 의미도 없다는 말이야?

그건 좀 애매한 문제인데…. 적어도 근거를 주지 않는다는 점에서는 아무런 의미도 없어.

하지만 말이야, 경험 많은 어부와 나는 전혀 다르잖아?

후후.

뭐야, 웃는 거야?

확실히 우리는 어떤 현상이 일정한 원칙을 따르며 반복될 경우 그것이 미래에도 그럴 것이라고 기대하게 돼. 하지만 그건 근거가 주어진 앎이 아니라 도리어 앎의 본능, 후천적으로 획득한 제2의 본능이라고 해야 할 거야. 예를 들어 건조한 겨울 날씨에 문손잡이를 잡으면 전기가 찌릿하잖아. 몇 번쯤 그 일이 되풀이되면 문손잡이에 손을 댈 때 신중해질 거야. 나아가 그런 경험이 쌓이면 전기가 찌릿하는 것과 찌릿하지 않는 것을 구별할 수 있게 될지도 모르지. 한편 풀밭에 풀어놓은 소가 울타리에 있는 전선에 닿으면 깜짝 놀라겠지. 그 경험이 반복되면 소는 울타리에 접근하지 않게 될 거야.

똑같은 일이라는 거야?

똑같아. 경험의 반복에 의해 몸에 익힌 것은 어떤 유형의 행동의 경향이고, 사고의 습관이야. 연상 같은 것이라고 해도 좋겠지. 그리고 연상은 정당한 추론과는 달라. 돼지 우리라고 해서 바닥이 더러울 거라 판단하는 건 단순한 연상일 뿐 정당한 추론은 아니야. 돼지가 더러운 바닥에서 잠을 잔다는 논리적인 근거는 없으니까. 어떤 편향적인 경험이 반복되어서 '돼지'하면 '더러움'을 연상하는 습관이 몸에 배어버린 거야.

참 대놓고 엉터리네. 인간의 지식과 소의 조건반사를 같은 차원에 놓고 파악한다니 말이야. 그럼 지성은 어떻게 되겠어?

지성은 개입하지 않아. 결국 각각의 경험이 축적되어 일반적 지식으로 이행하는 과정에는 비약이 있어. 개(個)에서 일반으로, 그리고 과거에서 미래로 가는 과정에서 이런 비약을 가능하게 하는 것은 지성이 아니라 오직 상상력이야. 우리는 지적인 안내를 받아 그곳에 다리를 놓는 것이 아니야. 그저 본능적으로 그곳을 뛰어넘을 뿐이지. 아니면 네가 다리를 좀 잘 놓아주든지…. 네가 내놓은 것은 기껏해야 제일성의 원리잖아? 그러니까 그 자체가 일반적인 지식 밖에 내놓지 못하는 것 말이야.

다리를 놓으라고 한들 그게 되겠어? 어떻게 한들 그 자신이 또 일반성을 지닐 것이 뻔할 테고 말이야. 흠, 망했군.

망할 필요까지야…. 그냥 인정하면 돼.

무엇을 일반화하면 좋을까?

어쩐지 그래야겠다는 생각이 드는 걸….

잘됐네.

그러면 경험 많은 어부와 나는 바람과 구름의 상태를 보고 연상되는 내용을 떠올리는 습관이나 그런 버릇이 다를 뿐, '오늘은 풍랑이 일겠네' 하는 판단의 정당성에는 아무런 차이도 없다는 말이야?

응, 그래.

자, 그럼 같은 경험으로부터 무엇을 일반화하든 상관없다는 말이네. 어느 것이 정당한 지식이고 어느 것이 부당한 지식인지 차이는 없으니까.

아니지. 그런 말은 하지 않았어.

어째서?

어떤 사람이 문손잡이를 잡을 때마다 전기가 찌릿해서 만약 그 경험을 문손잡이에서 일어나는 고유한 현상이라고 파악했다면, 그것은 어리석은 일반화라고 할 수 있어. 나무 손잡이라면 정전기가 발생하지 않을 테고, 손잡이뿐만 아니라 휴대전화에 고양이가 발을 대면 정전기가 일어날 거야.

그렇다면 좋은 일반화와 나쁜 일반화가 있다는 것을 인정하는 거야?

물론 그렇게 구별할 수 있어.

그렇지만 '좋은 일반화'든 '나쁜 일반화'든 거기에 대한 근거는 없는 거지?

그래….

좀 이상한데?

인간의 경험은 아무리 반복되어 봤자 한계가 있을 수밖에 없어. 그렇기 때문에 어떤 범위의 경험으로부터 무엇을 일반화하느냐는 다양할 수 있지. 그중에는 당연히 적절한 일반화도 있고 부적절한 일반화도 있어.

그러니까 내 말은 다양한 일반화 속에서 어떤 일반화가 좋고, 어떤 일반화가 나쁘냐는 말이야. 전부 통틀어 '근거가 없다'

라든가 '습관이다'라고 하는 것은 네 자유지만…. 그 중에서 '좋은 무(無)근거'와 '나쁜 무근거'는 구별해야 하잖아?

'좋은 무근거'라고?

그렇다면 나로서는 '좋은 일반화'를 '근거 있는 일반화'라고 부르고 '나쁜 일반화'를 '근거 없는 일반화'라고 부르는 것이 좋을 것 같다는 생각이 들어. 그렇게 하지 않으면 '근거'라는 개념이 쓸모없어질 테니까.

흐음.

어쨌든 좋은 일반화와 나쁜 일반화의 차이를 어떻게 파악할지, 이 문제에 대답해야 해.

방구석에서 화성인 알아내기

난 말이야, 어릴 때 문어는 빨갛다고 생각했어.

새빨간 초절임 문어 말이야?

맞아, 그거!

난 새우는 원래 빨간색이라고 생각했어.

이건 나쁜 일반화네.

맞아. 주어진 데이터로부터 '착색된 것'과 '삶은 것'이라는 특성을 제대로 이끌어내지 못했어.

하지만 어떻게 해야 적절한 특성을 이끌어낼 수 있을까?

그야말로 경험을 쌓아야겠지. 삶은 새우말고도 삶지 않은 새우를 보는 것, 초절임 문어뿐 아니라 날것이나 살아 있는 문어를 보는 것, 횟집뿐 아니라 수족관에도 가보는 것이 좋을지도 몰라. 뻔한 대답이라 미안하네.

뭐, 됐어. 그런데 뭔가가 마음에 좀 걸리는데? 무언가 신경에 거슬려. 경험의 반복…. 반복이라! 무엇이 반복되고 있을까….

넌 '반복'을 반복하고 있어.

말장난 좀 하지 마.

미안!

지금 문득 괴상한 예가 생각났어. 잘 들어봐.

뭔데? 얘기해봐.

이 커피 잔은 검지 않아. 그렇지? 그런데다 유리도 아니야.

무슨 말을 하고 싶으신 걸까?

워워, 조르지 좀 마. 그리고 이 책상도 검지 않고 유리가 아니야. 알겠어? 내가 이렇게 '검지 않은 것'과 '유리가 아닌 것'의 조합과 반복적으로 자꾸 부딪친다고 하자. 그래서 '검지 않은 것은 유리가 아니'라고 결론을 내린다면 이상하겠지?

결론은 딱히 이상하지 않은데….

하지만 커피 잔이나 책상을 아무리 관찰해봤자, 거기에서 유리에 대한 지식을 얻으려 하는 것은 헛다리를 짚는 거겠지?

그럴지도 모르지.

예를 들어 저쪽에서 자고 있는 고양이는 '다리가 여덟 개가 아니고', '화성인도 아니야.' 너도 '다리가 여덟 개가 아니고', '화성인도 아니야.' 음, 잘 보니 그런 것 같군. 다른 것도 그래. 그러면 다리가 여덟 개가 아니고 화성인도 아닌 것에 대한 경험을 우리는 얼마든지 쌓을 수 있어. 자, 여기에서 '다리가 여덟 개가 아닌 것은 화성인이 아니다'라는 결론을 내린다면 어떨까? 이상하지? 화성에 가보지도 않고 화성인에 대해 결론을 내릴 수 있다는 건 어불성설이야.

그렇네. 더구나 '다리가 여덟 개가 아닌 것은 화성인이 아니'라는 주장은 '화성인은 다리가 여덟 개'라는 주장과 똑같기 때문에 점점 더 이상한 사태로 빠져.

그거, 똑같은 거야?

'대우'(對偶, 하나의 가언 명제에 대하여 그 후건의 부정을 전건으로 하고, 전건을 부정한 것을 후건으로 한 명제. 원명제와 대우 명제의 참과 거짓은 늘 일치한다—옮긴이)라고 하는데, 논리적으로는 의미가 같아. 예를 들어 '달지 않은 것은 설탕이 아니다'의 대우는 '설탕은 달다'가 되는데, 둘은 같은 의미야.

그러면 커피 잔이나 책상이나 고양이를 계속 관찰함으로써 '유리는 검다'라든가 '화성인의 다리는 여덟 개' 같은 결론을 이끌어낼 수 있다는 말이야?

그런 말이지. 말하자면 실내 조류학에 실내 화성인학이야.

이건 극단적으로 나쁜 일반화라고 생각하는데, 어디가 나쁜 것일까?

'검지 않다'든지 '유리가 아니다' 같은 정의가 부정형이기 때문 아닐까?

그런가?

사태를 부정형으로 파악한다면, 하나의 사태를 무수히 많은 방식으로 파악할 수 있어. 이 방은 넓지 않고 달콤한 향기도 안 나고, 그리고 유리도 아니야.

판다 곰도 없고 다람쥐도 없어.

물론이지. 그리고 틀림없이 화성인도 없어.

하지만 일반적 지식을 부정형으로 표현한 것도 있잖아. '겨울잠을 자지 않는 동물은 변온동물이 아니다'라든가….

음, 그렇군.

거꾸로 긍정형이라고 해도 마찬가지 문제가 생기지 않을까? 예컨대 이 커피 잔은 커피 잔인 동시에 하얀 물건이고 도자기이고(싸구려이고), 무거운 물체이고, 깨지기 쉬운 것이다 등등. 어떤 것이든 그것을 파악하는 방식은 무수히 많아. 그렇다면 주어진 데이터로부터 다양한 반복을 알아낼 수 있을 거야. 모든 것이 반복되고 있으니까.

들어보니 네가 말한 대로인 것 같아. 맨 처음에는 과거의 반복에서 미래를 포함한 일반화로 비약할 수 있게 하는 것은 무엇인가라는 질문에서 시작했어. 그러나 지금은 다른 것보다도 무엇이 반복되었는가라는 질문을 던져야 할 것 같아. 과거 경험의 의미는 고정되어 있으니까 그것을 미래로 투영하기는 곤란해. 그러나 진짜 알기 어려운 건 과거의 의미야.

경험한다는 것의 의미

비슷한 경험을 반복하는 가운데 그 속에서 다른 것의 반복을 찾아내는 사람도 생각할 수 있어. 예컨대 물건을 손에서 놓아버리면 아래로 떨어진다는 경험을 통해 '그것은 초현실적인 힘이 들어 있지 않기 때문'이라는 일반화에 도달하는 사람이 있을지도 몰라. 그 사람과 나는 도대체 같은 현상에서 왜 다른 질서를 읽어낸 것일까?

좀 집착하는 것 같은데?

뭐라고?

습관의 차이라고 하면 안 될까?

아니지. 지금은 문제가 과거의 시각으로 옮아갔어. 굳이 습관이라는 말을 사용한다면 우리는 '왜 똑같은 경험을 해도 다른 습관을 익히고 마는 것일까?'라는 질문을 하게 될 테니까….

음, 그렇겠네. '습관'이란 말은 이미 여기에서는 무력하다는 말인가? 도리어 '습관의 형성' 자체가 문제가 되어야 하겠군.

맞아. 물건이 떨어지는 이유가 초현실적인 힘이 없어서라고 보는 사람은 나와 어떤 점이 다를까?

하나는 종교적 배경이 다르겠지.

그런 점도 있을 것 같아. 그 밖에도 과학적 신념의 차이, 또는 좀 더 막연하게는 문화의 차이도 있겠지.

배경이 다르면 과거의 경험에 부여하는 의미도 달라. 우리는 통상 어느 정도 비슷한 사람들끼리 살고 있기 때문에 비슷한 의미를 부여하곤 해. 그러나 배경이 극적으로 다른 사람, 완전히 상이한 일반화를 이끌어내는 사람도 있을 수 있겠지.

있잖아….

왜?

우리와 배경이 극적으로 상이한 사람의 일반화는 나쁜 일반화일까?

어떻게 생각해?

어려운 걸.

난 좋지도 나쁘지도 않다고 생각해. 배경을 공유하는 사람들 사이에서만 좋은 일반화와 나쁜 일반화를 나눌 수 있어. 즉 어떤 문제에 대해 '좋다', '나쁘다'를 평가하는 것은 어떤 신념 체계를 배경으로 삼아야만 가능하거든. 그리고 그런 사람들이 행하는 일반화는 좋지도 않고 나쁘지도 않아. 단적으로 상이한 질서에 지나지 않아.

그래도 그렇게 말하면 지나치게 깔끔하지 않아? 이를테면 공존할 수 없는 두 가지 과학이론의 신봉자들이 벌이는 싸움이라든가 컬트 종교와 광기의 경계 같은 것을 생각하면, 어떻게 '단적으로 상이한 질서에 지나지 않는다'고 말할 수 있어?

자, 그럼 넌 어떻게 생각하는데?

바로 대답하지는 못하겠어. 이 문제는 상당히 복잡하다고 생각해. 여러 요소가 얽혀 있잖아.

나도 그런 것 같아. 그런데 치통은 어때?

뭐?

다행이군. 철학도 쓸모가 있을 때가 있다니 말이야.

'이제까지 아팠으니까 앞으로도 계속 아프다'고 하면 참을 수 있겠어? 뭐, 그런 거지.

경험론은 경험을 통해 얻은 증거들이 모여 지식이 된다고 주장한다. 이에 대해 흄(1711~1776)은 인과관계의 필연성에 대해 비판한다. 우리가 알고 있는 지식은 단지 우리가 연속된 사건을 관찰하면서 얻은 관습적 결론일 뿐이며 필연적인 진리란 존재하지 않는다고 말한다.

6. 규범의 생성

로빈슨은 자기가 색맹인 걸 알 수 있을까?

색맹은 정상일까, 비정상일까?

이전에 내가 보는 스펙트럼이 다른 사람과 반대라면, 이 이야기가 나왔을 때 넌 맨 처음에 색맹 이야기라고 오해했지?

응, 그랬지.

'색맹'이란 뭘까?

뭐? 예를 들면 빨강과 초록이 회색처럼 보여서 두 가지를 구별할 수 없는 사람을 말하지. 너도 알고 있을 텐데 갑자기 무슨 얘기야?

보통 색맹을 '색각 이상'이라고 여기잖아.

그렇겠지.

어째서 '이상', 즉 '비정상'일까?

그거야 빨강과 초록을 식별할 수 없으니까….

생각 좀 해볼까? 태어나자마자 무인도에 버려져 늑대 어미 밑에서 자라난 것도 아니고 양치기가 키워준 것도 아니지만, 여하튼 자연의 은총을 입어 혼자 힘으로 생존한 사람이 있다고 가정하자.

천애고아 로빈슨이군.

그래. 그가 색맹이었다고 하자. 그러면 애당초 자신이 색맹이라는 것을 깨달을 수 있을까?

그야 빨강과 초록을 식별할 수 없으니까 깨닫지 않을까?

후후.

그 '후후' 좀 집어치우지 못해?

그 사람에게 사과의 자연스러운 색깔은 뭘까?

자연스러운 색깔은 물론 빨강이지만 회색처럼 보인…다고 말할 수… 있으려나? 음, 그러면 태어나면서부터 로빈슨 씨는 회색으로 보이는 사과밖에 본 적이 없으니까. …그렇겠지?

그의 지각 세계에서 사과는 회색빛이 나는 독특한 색이야. 그러니까 정상이지.

하지만 자각은 못해도 비정상은 비정상이지.

어째서?

그러니까….

만약 우리 대다수가 적록 색맹이라면 어떨까? 어른은 아이에게 사과를 무슨 색이라고 가르칠까? 회색빛이 나는 그 색깔이라고 할 거야. 그때 정상적으로 지각했다면 사과의 색은 빨간 색이 아닌 그 독특한 색이지. 만약 전원이 색각 이상이어서 흑백만 지각할 수 있다면, 그것은 세계 자체가 탈색된 것이나 다름없어. 그럴 경우에는 그것이 오히려 정상이지.

그러면 천애고아 로빈슨은?

철두철미하게 정상이지!

광기와 질병

좀 더 이야기하자면 우리의 로빈슨은 광기와도 무관해.

광기와도? 고독해서 머리가 이상해지는 것이 아니라?

아니야. 머리가 어떻게 되든지 간에 그것이 그의 '보통' 정신일 테니까.

흠, 그거야 그렇겠군. 선천적으로 그러면 그게 보통이겠지만, 그래도 도중부터 이상해진 경우에는 역시 '어, 이거 큰일인데?' 하고 생각하지 않을까?

그건 단지 인격의 변화에 지나지 않아.

나이를 먹으면 화가 잘 나는 것처럼?

맞아. 본인은 그런 인격의 변화가 마음에 들지 않을지도 모르지만 어쩔 수 없어. 목소리가 변하는 것처럼 자연스레 성격도 변하기 마련이지.

흐음. 혼자밖에 없으면 그렇게 되는 걸까? 저 말이야, 얘기하는 김에 말하자면 로빈슨은 '요절'도 하지 않겠네. 대체로 자기가 얼마나 살 수 있을지 전혀 예상하지 못할 테니까. '노인'이라든가 '젊은이' 같은 개념이 없잖아. 천 년을 산다면 백 세가 되어도 젊다고 여기겠지.

정확하게 '평균 수명'을 누리고 죽는 셈이지.

하하하.

그런데 로빈슨은 병에도 걸리지 않겠다. 이렇게 말하면 좀 이상하려나?

만약 그렇다면 그보다 좋은 일도 없겠네.

그렇지는 않겠지. 부러워할 일은 아니야.

어째서?

배도 아프고 감기에도 걸릴 테니까.

자, 그럼 병에 걸린다는 말이잖아? 무슨 소린지, 도통….

얼마간 먹지 않고 있으면 배고플 텐데, 그거 병일까?

아니지. 병은 아니지만 그것과 같다고 말하고 싶은 거야?

그럼, 같지. 잠을 자지 않으면 졸릴 테고, 더우면 땀이 나. 나이를 먹으면 힘이 약해지겠지. 마찬가지로 썩은 것을 먹으면 배탈이 나고 차가운 비를 맞고 내버려두면 감기에 걸려.

낫지 않아도 된다면 병이 아닐지 모르지만 나아야 하는 것이면 병이지 않아?

넌 공복을 채우려고 하지 않아?

그렇지만, 공복은 정기적으로 느끼잖아.

봄이 되면 정기적으로 꽃가루 알레르기에 시달리고, 겨울이 되면 반드시 감기에 걸리는 사람도 있어.

그럼 병과 병이 아닌 것을 어떻게 구별하지?

그게 바로 문제야. 광기와 광기가 아닌 것, 병과 병이 아닌 것을 구별하는 문제. 다시 말해 정상과 비정상의 경계 말이야. 여하튼 그건 우리에게는 있지만 로빈슨에게는 없지.

비정상의 조건, 규범

그런데 자꾸 꼬투리를 잡는 것 같지만, '비정상'은 희귀한 것이 아닐까? 공복이 비정상이 아닌 이유도 그것이 늘 찾아오기 때문인 거지.

하품을 하자마자 재채기가 나온다고 하자.

뭔 소리야?

드문 일이겠지?

그래서 어쨌다는 건데?

음, 드문 일도 늘 일어나는 법이야. 현관 앞에서 고양이와 만나는 것도 내 경우에는 드문 일이라면 드물지. 걷다가 개똥을 밟는 일도 드문 일이야. 그러나 딱히 비정상적인 일은 아니야. 그저 드물기만 하다면 그것은 분명 '이례'적인 일이겠지만 '비정상'은 아니야. '비정상'과 '이례'는 달라.

그런가? 자, 그럼 어떻게 달라?

흠, 어떻게 다르다고 말하면 좋을까?

'이례'라는 건 통계적으로 수가 적은 것이겠지?

흐음.

'비정상'이나 '이상'이라고 하면 거기에 뭔가 부정적인 가치가 들러붙지 않아?

그렇기도 해.

색각 이상, 정신 이상, 질병, 이런 것들은 왠지 막연하게 '본래는 이랬어야 한다'는 것을 상정하고 거기에서 어긋나 있다고 인식하잖아.

맞아, 나도 그렇게 생각해. 한마디로 우리에게는 있고 로빈슨에게는 없는 것은 '이래야 한다'는 규범이야. 규범이 없으니까 규범에서 일탈하는 '비정상'도 없지.

저, 그 점을 아직 잘 모르겠어. 어째서 로빈슨에게는 규범이 없는 거야?

고독한 규율

우리가 상정했을 때 로빈슨은 태어나서부터 어떤 공동체에도 속한 적이 없어. 공동체가 없으면 규범도 생겨나지 않아.

왜?

규범이란 자기를 억제하고 타자를 따르는 것이 아닐까? 그렇다면 로빈슨의 경우에는 따라야 할 타자가 없잖아.

그럴듯한데. 그렇지만…. 아, 맞다. '비정상' 얘기에서 좀 옆길로 새도 될까?

뭐, 그러든지….

비정상은 '이래야 한다'는 규범에서 일탈한 것이지만, 규범이란 '이렇게 해야 한다'는 것이기도 하지.

행위 규범이라는 말이군.

그래. 로빈슨에게 비정상이 있을 수 없다고 하면 그럴 수도 있겠다는 생각이 들었어. 하지만 '이렇게 해야 한다'는 규범을 생각하면 로빈슨에게 꼭 규범이 없는 건 아니거든.

그렇지만 행위 규범도 역시 공동체 안에서 비로소 생겨나는 것이 아닐까?

그러니까 그게 왜 그래야 하느냐는 말이야. 왜냐하면 어느 날 그가 '더 이상 동물을 먹어서는 안 된다'고 정하고 거기에 따르는 것도 생각할 수 있잖아? 공동체가 없더라도 혼자서 규칙을 정하고 혼자서 규칙에 따를 수 있지 않아?

자기 규율에 위반하는 일도 있겠고?

그럴 수도 있겠지. 식욕에 져서 물고기를 잡아먹은 다음, 규칙을 어긴 점에 대해 반성하고 스스로 폭포수로 얻어맞는 벌을 받는다든가….

흠, 또 뭐가 뭔지 모르게 되어버렸군. 만약 그렇다면….

그렇다면?

사적 언어도 가능해지지 않을까?

엥?

사적 체험을 이야기할 때 사적 체험을 이야기하는 말은 사적 언어가 되고, 사적 언어는 불가능하다고 적극적으로 논한 사람은 너잖아.

그랬었지. 그렇지만….

이 체험을 '발그레'라고 부르겠다고 누군가가 정하고 혼자서 그것에 따르거나 위반하거나 할 수는 없어. 그렇지?

그야 그렇지.

그런데 지금 똑같은 일에 대해 '가능하다'고 논하려 하는 거 아냐?

으음, 잠, 잠깐만 있어봐. …망한 건가? 좀 내버려두고 다시 한 번 생각해볼게.

견본과 모범은 어떻게 만들어지는가

난 감각의 경우와 먹을 것의 경우가 동일하다고 생각해.

동일하다면 어떻게 되는 거야?

사적 체험의 경우 체험을 나타내는 데 통상적인 말인 '빨강'이나 '파랑'을 사용하는 것은 불가능했잖아. 실은 로빈슨의 사고 실험에서도 이 문제를 생각했어야 했어. 우리의 언어로 로빈슨의 규율을 이야기하는 것은 편법이야. 제대로 사고 실험을 하려면 언어의 문제부터 신중하게 다가갔어야 해.

일반적으로 생각하면 천애고아인 로빈슨에게 언어는 없을 텐데 말이야.

'동물'이라는 말이 없으니까 어떤 것을 눈앞에 놓고 (이런 종류)라고 생각할지도 몰라. '먹을 것'과 마찬가지야. 그래서 그는 그것을 눈앞에 놓고 (앞으로 이런 종류를 이렇게 하는 것은 그만두자)고 생각한 거야. 여기에서는 눈앞에 그것에 대한 그 행위가 그에게 '해서는 안 되는 것'의 견본이 돼.

그 체험이 '발그레'라고 불러야 할 것의 견본이 된 것처럼 말이야?

그래. 그러나 견본이란 건…. 뭐라고 말할 수 있을지 모르겠는데 여기에 무언가 문제가 있어.

견본…? 견본이라기보다는 '모범'이 아닐까? '이렇게 해야 한다'든가 '이렇게 해서는 안 된다'고 정할 때 '이렇게'라고 말하는 그 행위는 해야 하는 것, 또는 해서는 안 되는 것의 모범이야.

그리고 로빈슨은 스스로 자신에게 모범을 제시해야 해.

넌 거기에 사적 언어와 같은 문제가 있다고 생각한다는 말이야?

그래, 그렇다는 건데….

으음, 예를 들어서 말이야, 이것이 있잖아.

빨간 볼펜?

아니, 그러지 마. 규정하면 안 돼. 이것, 여하튼, 이것이라고 하자. 이것이 견본이라면, 어떤 것에 대한 견본이라고 생각해?

뭘 묻는 거야?

빨강의 견본, 필기도구의 견본, 볼펜의 견본, 막대기 모양의 견본, 10그램 미만 무게의 견본, 먹을 수 없는 것의 견본…. 여러 가지의 견본이라고.

그건 어떻게 파악하느냐에 달렸겠지. 즉 그 견본에 어떤 의미를 부여하느냐에 달려 있어.

응. 그러니까 '이런 것을 갖고 와' 라고 말해도 실은 아직 명령이 정해지지 않은 거야.

아하, 그렇군. 행위의 경우도 마찬가지인가? '이렇게 하라'고 해도 그 행위는 여러 가지의 모범이 될 수 있고, 그렇기 때문에 아직 무엇을 정해놓고 있지 않아. 이를테면 어느 날 물고기를 잡아먹지 않기로 하고 앞으로 그것을 모범으로 삼은 행위를 하자고 정해. 그렇지만 이 행위는 여전히 여러 가지로 해석될 수 있어.

그렇군. 씹어 삼키지 않으면 된다고 생각하고 껌처럼 씹다가 뱉어낼지도 몰라. 말린 생선은 괜찮다고 생각할지도 모르고. 멍게나 해삼은 먹어도 괜찮다고 생각할 수도 있어. 물고기 이외의 동물은 먹어도 된다고 생각할지도 모르고 말이야.

여기에는 앎의 일반화 문제와 비슷한 측면이 있는 것 같아. 개개의 행위를 모범으로 삼아 일반화하려고 해도 더욱 다양한 파악 방식이 있는 거야.

그거야 그렇겠군. 재미있네.

그렇다면 역시 로빈슨은 스스로 자신에게 모범을 제시할 수 없어. 또는 모범을 제시했다고 해도 거기에 무언가를 결정할 힘은 없다는 말이야.

하지만 다름 아닌 로빈슨 자신이 자신에게 범례를 제시했으니까 그 자신은 그 범례에 어떤 의미를 부여하고 있는지 알고 있지 않을까?

아니, 그렇지 않아. 사적 언어 때도 그랬지만 여기에서도 그는 모를 것이라고 생각해.

어째서?

우리라면 다양하게 존재하는 모범의 해석 가운데 올바른 해석과 잘못된 해석을 구분할 수 있어.

뭐, '동물'의 견본을 제시했다면 대체로 무엇을 '동물'이라고 부를 수 있는지는 정해지겠지. 다시마를 '동물'이라고 부른다면 그건 잘못된 걸 거야.

그런데 로빈슨의 경우에는 그렇게 되지 않아.

그렇다면?

그는 우선 스스로 '동물은 먹어서는 안 된다'고 정해. 그 다음 멍게는 먹어도 좋다고 해석해. 이런 해석에 대해 우리는 그가 자신이 세운 규율을 잘못 이해했다고 말하고 싶을 거야. 하지만 그것이 잘못되었다고 말해줄 사람은 없어. 거기다 그는 자신이 규율을 잘못 이해한 것이라고 깨달을 다른 관점도 가지고 있지 않아. 한마디로 그가 세운 규율은 그렇게 해석되어도 올바르다는 말이야.

다시 말해 그는 자신이 세운 규율을 어떻게 해석해도 좋고, 어떻게 해석해도 그것은 자동적으로 올바른 것이 된다는 말이군. 멍게뿐이겠어? 비 오는 날에는 무엇이든 먹어도 좋다고 해석할지도 모르고, 배가 등짝에 붙을 만큼 고프면 물고기를 먹어도 괜찮다고 생각할지도 몰라. 그가 그렇게 생각한다면 그것은 그런 규율이었다는 말이잖아.

그리고 어떻게 해석하든 상관없다면 그것은 실질적인 규율이나 법률이 아니지.

흥, 평양감사도 제 싫으면 안 한다는 것과 같군.

뭐야, 옛날 속담까지….

그럼 개헌 논의 같다고 하지 뭐.

아이는 규범을 정정할 수 없다

그런데 말이야, 우리의 경우에는 무슨 까닭으로 실질적으로 규율이 작용할까?

그게 문제야. 로빈슨 이야기가 아니라 우리 자신의 이야기라고 생각해보자.

응.

자, 무언가에 대해 '이렇게 해야 한다'고 정했다고 하자. 예를 들면….

누군가를 만나면 조금 고개를 숙여 아래를 봐야 한다든가.

그래, 좋아. 그렇게 어른이 아이에게 모범을 보여주었어. 그런데 이 모범은 다양하게 해석될 수 있지.

아이는 잘못 이해해서 옆으로 고개를 숙이기도 하고, 상대가 알아차리지 못하는 사이에 발밑을 쳐다보면서 그냥 지나치기도 한다든가 할 수 있지. 뭐, 그런 아이는 없겠지만 말이야.

하하, 난 네 이야기를 하는 줄 알았지.

설마! 그런데 어째서 그것은 규율을 잘못 이해한 것이라고 말할 수 있을까?

어른들이 아이의 태도를 고쳐줄 테니까.

뭐, 그렇겠지. 그렇지만…. 어른은 어떻게 그것이 잘못되었다는 걸 알았을까?

어떻게…라니?

아, 그래!

응?

로빈슨에게 자식이 생겼다고 하자.

로빈슨이 여성이었어?

그럴 리 없잖아. 그렇다고 한들 상대도 없잖아. 삼신할미가 어딘가에서 아기를 데려다주었겠지.

아, 그래?

이름은 뭐라고 할까? 아, 도빈슨이라고 하자.

알았으니까 하던 이야기나 하셔.

로빈슨은 자기 마음대로 규칙을 해석해. 도빈슨도 그렇겠지만 두 사람의 해석이 꼭 일치한다고는 할 수 없어. 그때 로빈슨은 도빈슨의 해석이 잘못되었다고 수정해줄 수 있지만, 도빈슨은 로빈슨의 해석이 잘못되었다고 생각할 수 없어.

어째서?

아이니까 그렇지.

모르겠는데?

적어도 어느 시기까지는 어른이 아이를 교육하지, 아이가 어른을 교육하지는 않아. 당연한 일이지만 이 장면에 결정적인 의미가 숨어 있어. 어른인 로빈슨은 이른바 '내가 규칙'이라는 상태에 놓이게 돼.

과연, 그렇군. 다시 말해 이런 말이지? 어떤 규범을 해석하는 데 있어서 어른과 아이의 해석이 다를 경우, 한쪽이 잘못 이해한 것이라고 여길 수밖에 없어. 누가 잘못 이해한 거냐고 한다면 아이가 그런 거라고 낙인이 찍힐 수밖에.

맞아, 그래.

· 흐음, 그렇다면 어른이 잘못 이해한 것을 동일하게 스스로 해나가는 것이 바로 아이가 학습해야 할 것이겠군. 말하자면 어른과 똑같이 변덕을 부리도록 어떻게든 장단을 맞추게 시킨다는 말이네.

전혀 장단을 맞추지 못하는 아이가 있을지도 모르지. 개의 견본을 보여주면 네 발 달린 것의 견본이라고 잘못 이해하고, 그것이 잘못되었다고 가르쳐주면 이번에는 짖어대는 것의 견본이라고 생각하거나. 여하튼 계속해서 해괴한 해석을 내놓는 아이 말이야.

천재라고 말하고 싶지만 지능 장애라고 여겨지겠지.

거 참 횡포로군.

내 말이 그 말이야.

로빈슨의 아이가 여자애라면….

응?

성인이 된 다음, 아이를 낳아서….

무슨 소리야?

그 아이가 자라서 또 아이를 낳고 그런 식으로 이 땅을 가득 채운 것이 바로 우리야.

그렇군. 허, 무슨 소린가 했더니….

결국 공동체가 없는 곳에 규범은 없다고 결론을 내려도 될 것 같아.

그보다는 오히려 어른과 아이라고 말해야 할 거야. 성숙한 사람으로서 공동체 안에 있는 어른과 미숙한 사람으로서 공동체 밖에 있는 아이…. 그리고 바깥에서 안으로 향하는 경계에서야말로 규범은 생겨나지. 다시 말해 때때로 장단을 못 맞추면서도 대다수 어른의 반응 방식을 몸에 익히는 아이가 있기 때문에 잘못 이해한 것을 바로잡아 수정하고 교육할 수 있어. 그것을 통해 규범적인 힘이 작용하게 돼. 그렇게 해서 일치단결한 어른들의 변덕에 아이들은 동조해야 하지. 아무리 해도 동조할 수 없는 경우에는 배제당하고 말아.

불합리한 일이야.

맞아, 정말 불합리한 일이야. 아무리 합리적이라고 해도 규범의 해석은 고정될 수 없으니까 말이야.

만약 어른들의 변덕이 일치단결하지 못한다면 어떻게 될까?

규범은 붕괴되겠지.

왠지 수많은 랜덤 발생장치가 어떤 우연에서인지 몰라도 서로 동조하고 있는 이미지가 떠오르네. 규범이라고는 하지만 상당히 위험하다고 할까….

변덕에 동조하는 것은 실로 우연의 은총이라고 말할 수밖에 없어. 뭐, 우리가 대개 비슷한 생물이기도 하고 본능적으로 반응해도 대체로 일치하기 때문에, 그리고 어른들도 아이였을 때 일정한 틀에 끼워 맞춰졌기 때문이겠지.

그렇겠지. 그렇지만 개중에는 남들에게 맞추지 못하는 이단자 어른도 있어. 그리고 이단의 정도가 엄청나게 커지면….

광기의 낙인이 찍히겠지.

으으, 무시무시하네.

못 볼 것이라도 본 얼굴이로군.

대체로 이야기의 큰 줄기에는 동의해. 그래도 그러면 규범의 개혁이랄까, 규칙이나 제도를 새롭게 고칠 수 있는 기회가 전혀 없는 것 아냐?

그렇게 말하니까 그렇군.

그렇지?

그 밖에도 상이한 규범을 가진 복수의 공동체가 서로 충돌하는 문제도 있어. 그럴 땐 그런 복수의 규범이 서로 이해해야 해. 또는 개인끼리도 서로 규범이 충돌하기도 해. 문득 떠오르는 것만 해도 중요해 보이는 문제가 아직도 많아.

아….

왜 그래?

범죄자는 아이도 아니고 광인도 아니잖아.

그렇지.

한마디로 거기에는 '성숙'이나 '정상' 말고 그 밖의 힘이 작용하고 있는 것이겠지?

흐음, 규범에 대해 생각하려고 했는데, 범죄에 대한 생각으로 미끄러지고 말았다는 거구나. 다시 한 번 생각해야 할 것 같다. 로빈슨은 과연 죄를 저지를 수 있을까…?

죄 짓고는 못할 이야기로군.

미셸 푸코(1926~1984)는 『광기의 역사』에서 광인, 즉 비정상이 어떻게 만들어지는지 집요하게 파헤쳤다. 그는 또한 사람들이 지식을 생산함으로써 타인을 어떻게 지배하는지와 같은 권력의 문제에도 큰 관심을 가졌다.

7. 언어의 의미

말은 어떻게 의미를 가지게 될까?

의미에 대한 물음

지금까지 논의하면서 언어의 문제를 보지 못하고 있었네.

사적 언어의 논의에서는 더더구나 그랬지.

그래서 왠지 언어 자체가 마음에 걸렸어.

어떤 점이?

예를 들면 종이에 이렇게 글자를 써서….

한 번 읽어봐.

개 견.

맞아, 이건 '개 견'이라는 한자야. 그렇게 생각하면 묘하게 신기하다는 생각이 들어.

재미있네.

전혀 닮지 않았잖아?

엥?

개하고 말이야, 닮지 않았지? 꼬리도 없고…. 그래도 '犬'이라는 글자는 억지로 개라고 보면 개처럼 보이는 것 같기도 해. 하지만 dog는 개하고 전혀 닮은 구석이 없어. 대단하지 않아?

그렇네.

한자라는 게 계속 뚫어지게 보다 보면 이상해지지 않아? '犬' 같은 것도 처음에 아무렇지 않게 보고 있으면 犬이지만, 지긋이 쳐다보고 있으면 어느 새 글자가 변하면서 '尤(더욱 우)'로 보이기도 하지. 그럼 뭐 끝장이야.

그런 얘기를 하고 싶은 거야?

어? 아니, 그냥….

확실히 글자 자체는 단지 잉크 자국일 뿐이고 그것을 입으로 발음한다 해도 그냥 소리의 배열에 지나지 않아. 단순한 잉크 자국이나 소리의 배열이 무언가를 의미한다는 것은 실제로 어떻게 생각해야 좋을지 명확하지 않은 현상이지. '犬'의 의미란 무엇일까? 네 생각은 어때?

국어사전이라도 펴볼까?

별 도움이 안 될 것 같은데….

"사람을 잘 따르고 후각과 청각이 발달하고 수렵용, 방범용, 군용, 경찰용, 노역용, 애완용으로 널리 길러지는 가축"이라는 군. 옛날에 내가 기른 녀석은 이 중 어디에도 해당하지 않는걸. 개가 아니고 개 비슷한 다른 동물을 키운 건가….

이런 사전풀이는 대체 누가 읽을까?

'犬'의 의미를 모르는 아이가 읽어도 이해할 수 없겠군.

결국 언어의 의미를 언어로 설명하는 것에는 한계가 있어. 언어는 언어가 아니라 언어 이외의 무언가로 설명해야 해.

'犬'이라면 특히 그렇겠지.

다른 언어로 바꾸어 말하는 것이 아니라면 '개'의 의미를 어떻게 가르쳐야 할까? 넌 어떻게 생각해?

실물을 보여주는 수밖에 없지 않아? 차선책이라면 도감을 보여주어야겠지.

흐음. 그런데 이상한 일이야. 잘 들어봐.

개별적인 사물이 어떻게 일반성을 가질 수 있을까

네가 본 것은 개별적인 개일 따름이야. 그러나 '개'는 일반적인 개를 의미해.

무슨 말이야? 모르겠는데.

일반적인 개가 무엇을 가리키는 건지 이해하지 못하는 아이가 있다고 하자.

난 아직 네가 하는 말을 이해할 수 없어.

그러니까 이런 거야. 네가 '개'라는 말의 의미를 가르치려고 어떤 개 앞에 그 아이를 데려갔어. 그리고 '이것이 개란다' 하고 가르쳤어. 아이는 네 설명에 충실하게 '이것'이, 그리고 이것만 개라고 이해해. 알겠어?

그 개의 이름이 초비라고 하면, 그 아이는 초비만 '개'라고 생각하고, 다른 개, 예를 들면 래쉬나 파트라슈는 개가 아니라고 생각한다는 거야?

바로 그 말이 하고 싶었어.

그러면 곤란할 거 아냐? 그러니까 다른 것도 보여줘야지.

후후.

아, 후후 하는 걸 보니…. 쳇! 그렇구나. 네 마리를 보여주면 그 네 마리만, 백 마리 보여주면 그 백 마리만 '개'라고 생각한다는 거로군. 그 아이는….

그래. 지금 우리 눈앞에 있는 것들, 이것들은 전부 개개의 사물이야. 모든 것에 고유한 이름을 붙여줄 수 있지. 이 펜에는 '페니', 저기 있는 해바라기에는 '해노랑' 등등…. 싸구려 이름이라 미안하네.

싸구려에 유치하기 짝이 없군. 여하튼 알았어. 우리가 대하는 모든 사물은 명명하려고만 하면 모두 각각 이름을 붙여줄 수 있는 개개의 사물이야. 하지만 이른바 보통명사는 '페니'나 '해노랑'을 의미하는 것만은 아니야. '펜'은 일반적인 펜을 나타내고 '해바라기'는 일반적인 해바라기를 나타내. 그런 말이지?

맞아. 현실은 개별적 사물로 채워져 있는데 어떻게 언어가 일반성을 획득할 수 있는 것일까?

일반성은 관념 속에만 존재한다

그런데 말이야. 언어도 개별적 사물이지?

엥?

아까 '犬'이라고 종이에 썼잖아? 그것도 잉크 자국이 묻은 한 장의 종이이고, 지금 이야기하는 이 말소리도 이 목소리에 이 크기로 지금 내가 발음하고 있는 일회성 사건이야.

음, 그렇군. 네 말이 맞아. 그런데?

언어도 개별적 사물이고 마주치는 사물들도 개별적 사물이라면, 일반성은 어디에 있을까?

역시 언어와 사물을 매개하는 관념으로서 존재한다고 말할 수밖에 없지 않을까?

관념?

현실의 개별적 사물에서 일반적인 것을 추상화해. 이를테면 각각의 개들을 보고 일반적인 개에 대한 관념을 얻어. '개'라는 말은 그 일반 관념과 결부되어 있어. 그래서 어른은 아이에게 다양한 개를 보여주고 아이는 거기에서 개의 본질을 끌어내어 올바른 일반 관념을 얻어야 해. 아까 말한 아이에게는 이러한 일반 관념을 형성하는 능력이 결여되어 있는 거야.

무척 관념적인 이야기네.

이해하기 어려워?

아니, 이해하기 어려운 것이 아니라 아예 모르겠어.

너도 아까 말한 아이와 같다는 말은 아니겠지?

글쎄, 어떨까? 잠깐 '관념'이라는 말의 의미를 설명해주지 않겠어?

그건…. '犬'보다 어려워.

이미지 같은 것인가? 개의 이미지를 형성하고 머릿속에 그리는 것.

그럴지도 몰라.

하지만 이미지도 개별적이잖아?

응?

지금 내가 머릿속에 떠올리는 개의 이미지는 지금 머릿속에 그려진 이 이미지일 뿐이야. 예컨대, 그렇지, 넌 일반적인 개의 그림을 그릴 수 있어? 아니, 일반적인 꽃이 더 알기 쉽겠다. 일반적인 꽃의 그림….

좀 부끄럽지만 이런 그림은 어떨까?

백 보 양보해서 해바라기는 이런 모양이라도 괜찮을지 모르겠지만 나팔꽃이나 제비꽃은? 넌 해바라기도 아니고 나팔꽃도 아니고 제비꽃도 아닌 것, 동시에 해바라기이기도 하고 나팔꽃이기도 하고 제비꽃이기도 한 그림을 그려야 해. 난 그런 그림은 못 그려.

솔직히 나도 그건 못해.

이미지 정도라면 할 수 있지 않아?

할 수 없을 것 같아.

자, 그럼 일반 관념은 이미지가 아니군.

그렇다면 무언가 심적인 체험이나 상태가 아닐까?

같은 거 아니야?

같은 건가?

응. 같은 것 같아. 잘 들어봐. 왜냐하면 마음속으로 체험한 무언가를 말한다고 해서 개별적이라는 점은 변하지 않아. 지금 내 마음에 일어난 이 체험, 이 단 한 번의 체험이 어떻게 일반성을 획득하겠어? 문제는 장면을 바꾸었다는 것뿐이야. 설마 그런 개별의 심적 체험을 마구 모은 다음 다시 한 번 그것들의 일반 관념을 추상화하자고 말하는 건 아니겠지?

흠, 무한 후퇴인가….

마음속에 씨름판을 떠올린다고 해서 그게 씨름이 되는 것은 아니지. 마음속이든 마음 바깥이든, 그것이 현실적으로 일어난 일이라면 역시 개별적이라고 할 수 있어.

알았어. 네가 말한 것이 맞는 것 같다. 하지만 그러면 넌 일반 관념은 존재하지 않는다고 생각하는 거야?

아니, 딱히 그렇게 생각하는 건 아니야. 굳이 말하면 일반 관념 같은 것은 철학하는 버릇이 있는 인간의 환상이 아닐까 싶네.

환상이라….

올바른 언어 사용법은 누가 가르칠까?

그러나 '일반적인 개'가 개별적인 개가 아니고, 또 네가 논했듯 마음속에도 존재하지 않는다면, 의미를 갖고 있는 일반성에는 어떻게 도달할 수 있을까?

근데 어쩐지 좀 이상하지 않아?

뭐가?

'개의 의미란 무엇인가?'라는 물음에 우리는 대답하지 못해 쩔쩔매고 있어. 그렇다면 나와 너는 '개'의 의미를 이해하지 못하고 있는 걸까?

난 물론 이해하고 있어. 아마 너도 그럴 걸.

하, 고맙군. 정작 그 말을 들으니 자신이 없어지는걸. 하지만 정말 그래. 우리는 '개'라는 말을 이해하고 있어. 그 말은 곧….

개에 대한 일반 관념을 갖고 있다는 말은 아닌 듯하군.

응. 어쨌든 너도 나도 '개'라는 말을 사용하고 있으니까.

과연, 그 방향에서 공격할 방법이 있을 듯해.

어느 방향?

그러니까 '일반성에 어떻게 도달할까?'라는 질문이 아니라 '올바른 언어 사용에 어떻게 도달할까?'라는 질문을 생각해보는 거지. 어른이 아이에게 올바른 언어 사용을 가르치려면 어떻게 할까? 이쪽이 훨씬 생각하기 쉬운 문제인 것 같아.

또 로빈슨과 도빈슨으로 이야기해볼까?

그럼 어떻게 되지?

로빈슨이 자식 도빈슨에게 말을 가르쳐주었어. 그래서 도빈슨이 그것을 올바르게 이해했는지 체크해보았어. 예를 들면….

예를 들면 뭐가 좋을까?

'개'라는 말의 의미를 가르쳤어.

자, 또 처음으로 돌아갔군.

그렇지.

도리어 '개'라는 언어의 구사 방법을 가르쳤다고 해야 하지 않을까?

구사 방법?

로빈슨은 실제로 '개'라는 말을 사용해보았겠지. 아, 그렇다, 개보다는 더 손쉬운 것, 예를 들어 '사과를 가져와'라고 부탁했어. 그러면 도빈슨은 로빈슨이 뜻하는 바에 맞는 것을 로빈슨에게 건네주어야 해.

과연. 규범의 문제를 이야기할 때와 똑같은 장면이 되었네. 도빈슨은 로빈슨에게 동조하도록 되어 있어.

바로 그거야. 일반 관념 때문에 고민할 것도 없이 사태는 꽤 간단명료해지는군.

응, 확실히 그렇군. 그래도….

그래도, 뭐?

복잡한 언어를 익히는 과정 — 언어의 구조

로빈슨이 말이야, '아' 하고 말했어.

뭐에 놀라기라도 한 거야?

그런 게 아니야. '아' 하고 말하면 사과를 갖고 오도록 가르쳤어. 그런 식이라도 상관없잖아? '사과를 가져와'라고 길게 말할 필요 없이….

그래서?

로빈슨이 '아' 하고 말해. 도빈슨은 그렇게 하려고 반응해. 분명히 일반 관념 같은 것이 나올 여지가 없어. 그렇지만 이건 언어일까?

언어라고 생각하는데….

하지만 그걸로 새로운 문장을 만들 수 없잖아?

흠, 그야 그렇군.

예를 들어 '사과를 가져와'를 '아'라고 하고, '사과를 가져오지 마'를 '이'라고 한다고 하자. '이'라고 하면 사과를 가져 오지 않는 거지.

흐음, 알았다. 그때 '아'와 '이'의 관계가 문제군.

그거야. '이'는 '아'의 부정이야. 도빈슨은 그것도 이해해야 해. 그렇지?

어느 정도 복잡한 언어를 능숙하게 구사하려면 그래야겠지. 그러나 '아'와 '이'만으로는 부정 관계를 전혀 찾아낼 수 없어.

그리고 '접시를 가져와'를 '우'라고 하면 '우'와 '사과를 가져와'의 '아'도 관계가 없잖아.

'무언가를 가져오라'는 공통점이 있어.

으음, 왠지 알 것 같긴 한데….

이렇게 문장은 단어로 나뉘고 구조를 갖게 되어 있어. 그런 것이 아닐까?

오호! 맞아, 그렇지. 정말 그래.

한마디로 이런 거겠지. '사과를 가져와'라는 명령에 따르도록 가르쳤고, 또 '사과를 먹지 마'라는 명령에 따르는 것도 가르쳤어. 나아가 '사과를 씻어'라든가 '사과를 깎아' 같은 명령에 따르도록 가르쳤어. 사과에 관한 수많은 명령에 따르도록 가르치는 동안 도빈슨은 거기에 공통적으로 나타나는 '사 · 과'라는 음의 병렬을 알아차려.

그것이 단어구나.

아마도….

그러면 '사과를 가져와'나 '접시를 가져와' 같은 '가져와'에 관한 명령을 수행하는 동안 '가 · 져 · 와'라는 음의 병렬도 알아차리겠지.

그렇겠지. 그리하여 다양한 문장의 공통점으로서 단어를 분할해내다가 이윽고 어느 정도 어휘가 늘어나면 그것을 조합해서 새로운 문장을 만들게 돼.

'엄마에게 사과를 가져와'라는 문장을 해체해서 '나에게 사과를 가져와'라는 요구를 할 수도 있고, 나아가 공상적인 이야기를 지어낼 수도 있어.

거짓말도 하게 되겠군.

단어가 먼저일까, 문장이 먼저일까?

그렇다면 단어를 배우는 것은 문장을 배운 다음이라는 말이네.

그렇지.

지금까지 막연하게 생각하던 언어 습득의 방식과 완전히 반대인데?

어떻게 생각했는데?

보통은 우선 사물의 이름 같은 단어의 의미를 배우고 그것을 조립해서 문장을 만들게 된다고 생각하지 않을까?

그렇겠군. 그러니까 우리도 '개'라는 단어의 의미를 묻는 것부터 시작했을 테고. 그런데 '개'라는 단어가 개의 일반 관념을 나타낸다는 생각은 아무래도 잘 이해가 되지 않아. 그래서 오히려 언어를 배우고 사용하는 현장을 통해 생각해보자는 식이 되었잖아. 그렇게 보니 언어 사용의 단위는 단어가 아니라 문장이었고.

왜 그런 것일까?

단어는 그것만으로는 명령의 힘도 없고 기억의 힘도 없기 때문이야.

그래도 '사과!' 하고 말하면 사과를 가져올 때도 있지 않겠어?

그건 일어문(一語文)이라는 거야. '사과!'와 '사과?'는 똑같이 '사과'라는 단어를 사용한 다른 일어문이라 생각해야 하겠지.

아이는 단어부터 배우는 것처럼 보이는데….

그것도 결국은 일어문이라고 생각해.

흐음.

아이가 '꽃'이라고 말했다고 하자. 이것은 단어를 말한 것처럼 여겨지지. 그러나 이때 부모가 '그래, 꽃이구나' 하고 대답할지, 아니면 그 꽃을 건네줄지 알 수 없어. 단지 단어를 말한 것일 뿐이라면 그런 반응은 나오지 않겠지.

뭐 꽃을 가지고 싶어서 '꽃'이라고 말했는데 '그래, 꽃이구나' 하고 끝내버리면 아이는 화가 나겠군.

'그래, 꽃이구나'로 그 아이가 만족한다면 '꽃'은 한 단어로 기술한 문장이었던 거지. 꽃을 건네주어야 아이가 만족한다면 '꽃'은 부탁을 나타내는 문장이었다는 말이고. 어느 쪽이든 아이가 그 말에 어떤 요구를 담아서 말하고 있는 이상, 그것은 단순한 단어의 발성이 아니라 일어문을 말한 것이라고 보아야겠지.

그러면 일어문의 발화에서 시작해 점점 복잡한 문장을 주고받을 수 있게 되고, 이윽고 그로부터 단어를 분할해서 새로운 조합을 만들 수 있게 돼. 대체적으로 이런 식이라는 말이군.

그렇다고 생각해.

사물의 이름은 어떻게 붙여졌을까?

그런데 아직도 뭔가 확연하게 잡히지 않아.

어떤 점이?

사물에는 이름이 있어. 그렇지? '해노랑'이나 '초비' 말고

'해바라기'라든가 '개'라든가….

으이구, 또 아까 얘기로 돌아가자는 거구만.

그런가? 일반 관념에 이름이 있다는 뭔지 모를 소리는 하지 않을게. 눈앞에 있는 것들은 '해바라기'나 '개'라는 이름을 갖고 있어.

그런데 우리가 만난 것들은 모두 개별적 사물에 지나지 않아. 그에 대해서….

그렇잖아. 아이가 사물의 이름을 알아가는 것이 언어 학습의 중요한 단계라는 점은 부정할 수 없잖아. 너도 헬렌 켈러 이야기를 알고 있겠지?

뭐, 그거? 물을 손으로 만지게 해주니까 다른 손바닥에 'w-a-t-e-r'라는 글자를 썼다는 이야기?

맞아. 헬렌이 처음으로 배운 언어는 'water'라는 단어였어.

잘 들어. 냉정하게 마음을 가라앉히고 다시 한 번 확인해봐. 언어의 의미는 일반성을 갖고 있어. 그러나 이 책상도 이 커피잔도 개별적인 사물이야.

그 대목에서 틀린 거야.

틀렸다고?

이것은 커피 잔이라는 일반성을 띠고 있는 사물이야. 우리는 개별적인 사물하고만 만나는 게 아니야. 이를테면 해바라기가 피어 있어. 그때 난 해노랑이 피어 있다고는 생각하지 않아. 매년 철마다 모양이 닮은 꽃을 뭉뚱그려서 '아아, 해바라기가 피었구나' 하고 생각해. 난 그것을 일반적인 해바라기라고 보는 거야.

아니야. 그건 '해바라기'라는 단어가 문장의 사용으로부터 잘려 나왔기 때문이야.

언어가 없으면 사물은 일반성을 지니지 못한다는 말이야?

그래. 언어가 없으면 사물은 단지 개별 개별의 모습을 보여 주는 데 지나지 않아. 그것들을 어떻게 이야기하고 어떠한 일반성을 거기에 담느냐는 언어에 달려 있어.

왜 그렇게 되는 거지?

실제로 옛날 '벌레(蟲)'라는 단어에는 뱀도 포함되어 있었어. 또 '빨강'이라는 단어는 밝은 색깔 일반을 나타냈던 것 같아. 일반성을 끌어내는 방법은 반드시 한 가지가 아니야. 그리고 그것은 '벌레'나 '빨강'이라는 단어를 사용한 다양한 문장이 오늘날과 다르게 사용됐다는 말이야.

그렇다면 말이야, 예를 들어 막대기가 한 개 있다고 하자. '막대기'라는 언어는 아직 몰라도 좋아. 그것을 어떤 사람들은 '장작'으로 사용해.

'장작'이라는 말도 모르는데 말이지?

그래. 그런데 다른 사람들은 그것을 지팡이로 사용해. 그때 언어가 없다고 한들 막대기를 대하는 태도는 각각의 사람들마다 완전히 다르겠지. 어떤 사람은 그것을 장작으로 취급하고, 어떤 사람은 그것을 지팡이로 취급하니까. 이런 태도의 차이는 거기에 담긴 일반성의 모습을 나타내주는 것이 아닐까? 장작으로 보는 사람은 그 막대기와 짧은 나뭇가지를 같은 종류로 여길 것이고, 지팡이라고 보는 사람은 그 막대기와 가벼운 대나무 장대를 같은 종류라고 여길 테니까.

흐음.

이름이란 실은 사물에 붙어 있는 명찰 같은 것이 아니라, 음

뭐라고 할까, 장작이나 막대기라는 물건의 모습에 대한 호칭이라고 해야 하나….

뭐, 막대기에 '지팡이'라는 명찰을 붙이는 것만으로는 무엇을 뜻하는지 모를 테니까.

그래, 그렇지. 예컨대 막대기를 가리켜 "이것은 '짠짜라짠'이다" 하고 말해도 무슨 뜻인지 몰라. 막대기에 '짠짜라짠'이라는 이름을 붙이는 것이 유효하기 위해서는 우선 막대기를 짠짜라짠으로 사용하는 것을 가르쳐야 해.

짠짜라짠으로 사용하는 법이라는 게, 뭔데?

뭐, 그거야 아무래도 상관없잖아? 그런 것이 뭔가 있다고 치고….

흐음. 이런 말인가? 단어는 사용될 때만 그 의미를 지니게 된다, 우리는 그렇게 논의했어. 그래서 너는 사물도 사용함으로써 의미를 지니게 된다, 그렇게 말하고 싶은 거야?

말 한 번 잘했네. 맞아, 그거야, 바로….

그렇지만….

혹시….

뭔데?

언어라는 것은 음성언어나 문자언어 말고도 또 있을지 몰라.

예를 들어 막대기 자체가 언어화되어 있다든가?

그래. 막대기를 지팡이로 사용하는 것을 가르칠 때 이렇게 사용한다는 모범을 보여주지. 그때 그 막대기는 지팡이의 견본이 돼. 이 말은 곧, 그러니까 그게….

그것을 짧은 나뭇가지가 아니라 가벼운 대나무 장대와 같은 종류의 물건으로 여긴다는 말이야. 그것은 지팡이의 기능을 갖는 다른 다양한 물건을 대표하고 있어.

그래서 그 막대기는 지팡이라는 의미를 띠기 시작해. 이것은 역시 언어, 말하자면 '현물 언어'가 아닐까?

그런 의미를 내포하는 것을 언어적인 현상으로 간주한다면, 그것은 음성언어나 문자언어 이전에 발생할 수 있는 현상이라는 말이 될 듯하군.

그렇게 말하면 아이들도 '흉내 내기 놀이'나 무엇이라고 가정해놓는 '그렇다고 치고 놀이'를 하잖아. 대표적으로 소꿉놀이 같은 것 말이야. 이건 비록 아무 말 없이 놀고 있었다고 해도 대단히 언어적인 행위라고 하겠지.

그럴지도 모르지. 하지만 그렇다고 해도 역시 단어가 아니라 문장적인 것이 우선한다는 점은 강조해두고 싶군.

문장적인 것?

어떤 물건이 지팡이의 견본이 될 수 있는 것도 그것을 짚고 걷는 것을 보여준 다음이고, 어떤 물건이 장작의 견본이 될 수 있는 것도 그것을 불에 태우는 것을 보여주었기 때문이야. 물건이 그것 단독으로 무슨 견본이 될 수는 없어. 우리가 그것과 관계를 맺고 그것을 사용하는 활동을 보여줌으로써 비로소 어떠한 물건의 견본이 될 수 있는 거야.

알았어. 네 말이 맞는 것 같아. 웬만큼 이해가 된 것 같아.

그렇지만 음성언어와 문자언어 이전의 언어현상이 언어현상의 전부라고는 생각할 수 없어. 예를 들어 부정이 그렇지. 단지 성큼성큼 걷는 것이 '지팡이를 짚지 않는' 것의 견본이 된다고는 볼 수 없어. 무언가 거기에는 음성언어와 문자언어로 전개해야

만 비로소 가능해지는 국면이 있을 것 같아.

음, 음성언어와 문자언어로부터 모든 언어적 현상이 시작되는 것은 아니지만 음성언어와 문자언어 이전에 모든 것이 준비되어 있는 것도 아니야. 그렇다면 어디서부터 어떻게 되었는지 똑똑히 알고 싶군 그래.

동물의 언어와 인간의 언어를 대비하는 것도 그런 관점에서 보면 흥미로워.

아아, 그렇다, 넌 동물이 거짓말을 한다고 생각해?

그러면 잠깐 쉬어갈 겸 그런 이야기도 해볼까?

좋은 생각이야.

언어학자 소쉬르(1857~1913)는 어떤 말과 그것이 가리키는 대상 사이에는 필연적 연관성이 없으며, 낱말의 의미는 다른 낱말들과의 관계에 따라 결정된다고 말했다. 사물은 개별적으로 의미를 지니는 게 아니라 다른 사물과의 관계에 따라 그 의미가 규정된다고 보았다.

8. 행위와 의지

고양이는 정말 세수를 할 수 있을까?

고양이의 세수는 행위일까?

내일은 비가 오겠군.

어째서?

저것 봐, 고양이가 꼼꼼하게 세수를 하고 있잖아.

앞다리로 얼굴을 문지르는 동작이 세수를 하는 거야?

그렇게들 말하잖아. 고양이가 평소보다 세수를 더 꼼꼼하게 한다면 그건 비가 온다는 징조야.

그런데 그 동작은 고양이가 하는 행위일까? 너는 어떻게 생각해?

무슨 질문이 그래? 행위가 아냐?

졸음에 못 이겨 무의식적으로 하품을 할 때 그 하품은 행위일까?

일부러 한 것이 아니라 저절로 나올 때?

그래.

자연스레 하품이 나왔다면 생리 현상이니까 행위라고 할 수 없겠지.

고양이의 세수도 자연스레 나온 것이 아니야?

그럴지도 모르지. 그렇다면….

행위가 아닌 거지.

그래도 고양이가 하는 짓은 대체로 자연스레 이루어지잖아.

그러니까 고양이는 행위를 하지 않아. 그건 단순한 자연 현상에 지나지 않지. 예를 들면 낙엽이 떨어지는 것이 낙엽의 행위가 아닌 것처럼, 고양이가 세수하는 건 행위가 아닌 거야.

물벼룩이나 지렁이는 그렇다 치고, 고양이의 움직임이 단순한 자연 현상이라는 말은 좀 이해가 가지 않는데….

고양이의 동작은 그저 지렁이보다 복잡한 게 아닐까?

그러면 인간은 어떻게 되는 거야?

인간도 자연 속 존재에 지나지 않는다고 보면 인간의 행동은 이미 행위가 아니지.

그렇다면 '행위'는 어디에도 없는 것 아니야?

그렇지.

그건 엉터리야. 예컨대 자연스레 나온 하품이라면 행위가 아닐 테지만 일부러 하품을 한다면 행위잖아.

뭐, 일반적으로는 그렇겠지.

그렇다면 모든 것은 행위가 아니라는 식으로 냅다 밀쳐버리지 말고, 미묘한 구석에 대해 좀 더 생각해보자. 네가 이상한 말을 하니까 행위와 행위가 아닌 것을 어떻게 구별할 수 있는지 애매모호해졌잖아.

의지가 우리를 움직이는 동력일까?

아무래도 난 행위와 행위가 아닌 것을 어떻게 구별하는지 잘 설명할 수 없을 것 같아. 말할 수 있는 건 단지 복잡함의 차이 정도 아닐까? 지렁이와 인간의 차이뿐만이 아니야. 낙엽이 떨어지는 것과 내가 걷거나 손을 들어 악수를 하는 것, 이들 사이에 어떤 차이점이 있지?

낙엽의 움직임과 인간의 움직임이 어떻게 다른지 모르겠다는 말이야?

모르겠다기보다는 차이를 말하려니 말문이 막힌다는 거야.

전혀 다르잖아?

뭐가?

내가 팔을 들 때는 의지가 있어야 해.

의지를 품는다는 건 마음의 작용인 거지?

응.

거기가 문제야. 그런 마음의 작용이란 게 있을까?

넌 의지 같은 것이 없다는 말이냐?

없어. 나뿐만 아니라 너도….

바보 같은 소리!

그러면 팔을 들려는 의지를 품었다는 것을 보여줄래?

그거야 뭐, 그러니까…. '자, 팔을 들자', 이렇게 말할 수 있으려나?

바로 그거야. 의지를 직접 보여주는 것이 아니라 단지 말을 해보는 것만으로는 의지를 보여줄 수 없어.

'팔을 들자'고 정신을 집중하는 건 안 될까?

마치 염력으로 팔을 들어 올리는 것 같구나. 넌 평소에 그런 힘으로 생활해?

그럴 리가!

팔을 들어봐.

자, 들었어.

지금 넌 자신의 의지로 팔을 들어 올렸어. 그렇다면 거기에 의지를 품은 마음의 상태가 따랐을 거야. 그러면 그것을 재현해 보면 될 거야. 그건 어떤 마음의 상태였는지….

그렇게 말하니까 잘 모르겠는데….

그럼 결국 의지를 품은 마음의 상태 따위는 없는 거야.

하지만 무언가 '의지를 품는다'고 말할 수밖에 없는 마음의 상태가 있지 않아?

있다고 치고 생각해보자. 의지를 품는 마음의 상태가 있고, 그것이 동력이 되어 넌 팔을 들어 올려.

응.

그 마음의 상태는 자연스레 생겨난 것일까?

무슨 소리야?

예컨대 깜깜한 어둠 속에서 갑자기 무언가 나타났어. 넌 공포를 느끼고 반사적으로 풀썩 주저앉아. 이건 네 의지로 한 행위가 아니지?

공포심 때문에 무의식적으로 주저앉은 것이라면, 그렇지.

마찬가지로 어떤 상황의 압박 때문에 자연스레 의지를 품은 마음의 상태가 생기고, 그것이 원인이 되어 네가 팔을 올렸다면 역시 넌 시종일관 수동적인 입장인 거야. 그러니 모든 움직임은 자연적으로 이루어진다는 말이 돼. 말하자면 '의지를 품은 대로 무의식적으로 팔을 들어 올렸다'라는 거지.

그런 엉터리가 어디 있냐?

그러나 만약 의지가 네 생각과는 별개로 자연스레 생겨나고 그 때문에 팔을 들어 올렸다면 그렇게 되지 않을까?

그러니까 물론 난 팔을 들어 올리려고 의지를 품을 수 있어. 다시 말해 의지는 수동적인 마음의 움직임이 아니라 나의 능동적인 마음의 움직임이야.

그러면 의지는 네가 능동적으로 해낼 수 있는 일종의 행위라는 말이 돼.

뭐 '공포를 품다'고는 말하지 않겠지만 '의지를 품다'고는 말하니까.

공포에는 없고 의지에는 있다는 그 '능동성'이란 뭘까?

어쩐지 심상치 않은걸.

넌 의지라는 마음의 상태를 네 힘으로 불러일으켜야 해. 그렇지?

그렇지.

자, 이제 꼼짝 못할 걸.

왜? 꼼짝 못해?

모르겠어?

응.

네가 팔을 들어 올릴 때 넌 네 힘으로 팔을 들어 올려야 해. 즉 그것은 네 의지가 동력이 되어 생겨난 움직임이어야 해. 그것이 우선 첫 번째!

뭔가 기분이 나쁜데….

나아가 그 의지도 오로지 네 힘으로 불러일으킨 것이어야 해. 즉 '팔을 들어 올리자'라는 의지도 또 다시 네 의지가 동력이 되어 생겨난 마음의 움직임이어야 해. 이것이 두 번째!

의지를 품는 능동성을 말하기 위해 '의지를 품는 의지를 품는다'고 말해야 한다는 거야?

행위의 능동성을 의지에서 찾는 한 그렇게 돼. 그리고 의지를 품기 위해 의지를 세운다 해도 분명히 거기에서 끝나지는 않지. 두 번째 의지의 능동성을 말하기 위해 넌 세 번째 의지를 꺼내야 하고, 이게 무한하게 계속돼. 이것이 세 번째!

그런 과정이 무한히 지속된다면 역시 곤란하겠지.

팔을 들어올리기 위해 무한하게 의지를 품어야 한다는 이야기를 누가 믿을까? 게다가 그런 과정을 계속해서 거슬러 올라가야 한다면 어디에서 팔을 들어 올려야 할지도 모르고, 그럼 행위를 시작하는 것조차 불가능해.

아, 꼼짝 못하게 된 건가?

그렇다고 봐. '동력으로서의 의지'는 행위와 행위가 아닌 것의 차이를 설명해주지 않아.

외계인의 볼이 빨개진다면 그것은 행위일까?

그래도 고양이와 인간 사이에 차이가 있는지 없는지는 일단 제쳐두고라도, 낙엽과 인간은 완전히 다른 것 아니야?

물론 나도 그렇게 생각해. 그러나 그 차이가 뭔지 술술 말할 수 없어.

저 말이야, 외계인은 어떨까?

무슨 말이야?

미지의 행성에 날아갔다고 하자. 거기에 생물과 비슷하게 생긴 것이 있었어. 그리고 음, 그렇지, 그건 탐사대의 인간과 만나면 발그스름하게 빛나.

부끄러워서 그런가?

그건 모르겠어. 그냥 살짝 발그레해져.

고개를 숙이지는 않고?

뭐, 고개가 없으니까….

아, 그래?

그건 행위일까?

어떻게 하면 알 수 있을까?

어쩐지 알 수 없을 것 같은데….

흐음. 예를 들어 관찰을 계속해볼까? 그것이 만약 일정한 규칙에 따라 반응한다면, 즉 특정한 조건이 갖추어졌을 때 발그레해진다면 그건 단순한 자연 현상 같은 것이라고 생각할 수 있어.

하지만 상당히 습관화된 행위일지도 모르고, 비록 불규칙적으로 보여도 복잡한 요인이 연관되어 있기 때문에 단순한 반응이 안 나올지도 몰라.

네 말이 맞아.

해부해본들 소용없겠지.

만약 신경생리학적으로 충분히 해명이 된다면 그것은 오히려 행위가 아닐 거야. 그건 단순한 신체 반응이겠지.

응. 그리고 신경생리학 이외의 이유로 그런 거라면 해부해 본다 한들 알 수 없어.

여하튼 네가 느낀 것처럼 미지의 외계인의 반응이 행위인지 아닌지는 우리가 알 수 없을 것 같아.

그렇지만 그것만으로 다 된 걸까?

그럼 안 되는 건가?

무엇이 행위일까

잠깐 반대로 생각해봤는데….

반대라니?

만약 관찰해보아도 어떤 몸짓이 행위인지 알 수 없다면 그것이 행위가 아니라는 것도 알 수 없다는 말이잖아.

그렇겠지.

자, 그럼 어째서 낙엽의 움직임을 행위가 아니라고 볼 수 있을까? 또는 물벼룩이나 지렁이의 움직임도 말이야.

흠, 과연.

낙엽의 움직임을 행위라고 보는 것은 허풍이라는 생각이 들지만, 그래도 옛날에는 번개가 치는 것을 번개 신의 행위라고 생각했잖아.

그렇지. 낙엽이나 물벼룩의 움직임을 행위로 간주하는 문화가 있어도 좋을 듯해. 지렁이라면 더욱 말할 것도 없겠지. 고양이의 움직임 같은 것은 우리 사이에서도 보는 관점이 갈리잖아.

그러면 문화에 따라 같은 움직임을 행위로 보기도 하고 행위로 보지 않기도 한다는 말이야?

응, 그렇지. 그게 바로 애니미즘이라는 거야.

만약 그렇다면….

행위인지 아닌지는 낙엽이나 물벼룩의 움직임 자체의 문제가 아니라 오히려 우리의 문제라는 말이지.

우리의 문제?

낙엽의 움직임이 행위인지 아닌지는 우리가 정한다는 말이야.

내가 정한 기억은 없는데….

그러나 그것이 행위인지 아닌지가 대상에서 취할 수 있는 성질이 아니라면, 그건 우리가 정하는 것이라고 말할 수밖에 없지 않아?

넌 언제 그런 것을 정했어?

뭘 묻는지 알았어. 딱히 언제 정했다는 말은 아니라, 말하자면 그건 우리 문화의 문제야. 전통적으로 역사를 통해 서서히 형성된 거지.

뭐, 그런 말이라면….

여하튼 행위인지 아닌지 구별하는 건 대상 자체가 아니라 그것을 대하는 우리의 태도에 달린 거야.

그럴 듯하게 들리기는 하는데….

문제라도 있어?

그것만으로는 충분하지 않아.

그 말은 곧?

대체 전통과 역사 속에서 무엇이 형성되었을까? 그것을 대답하지 않았어.

어떤 것들의 움직임이 행위인지 행위가 아닌지에 관한 합의가 형성되었다는 말로는 부족해?

아니, 그 구별이 무엇을 의미할까 하는 것이야말로 지금 문제니까 말이야.

아직 잘 모르겠는데.

이를테면 낙엽의 움직임은 행위라고 보는 합의가 형성되었다고 하자. 하지만 도대체 무엇을 합의한 걸까, 행위가 아니라고 합의했을 때와 행위라고 합의했을 때 무엇이 다른 걸까? 다시 말해 행위란 무엇인가에 대한 대답은 아직 하나도 나오지 않았어.

그런가? 본질적인 문제가 그대로 남아 있다는 말이구나.

의지에서 의미로

저 말이야, 행위인지 아닌지는 우리가 취하는 태도의 차이에 따라 파악하자는 것 말인데, 아까 외계인 같은 것이 미지의 행성에서 우리를 향해 팔 같은 것을 올리는 듯한 움직임을 보여 주었다고 하자.

팔은 있구나.

그런 것 같아. 그런데 난 이게 인사하는 것이 아닐까 하고 생각했어. 만약 그렇다면 나도 인사를 해야 해. 그런데 이걸 단순한 자연 현상이라고 생각한다면 난 인사를 하지 않겠지. 이건 우리의 기본적인 태도 차이인 거지?

흐음. 그런데?

아니야, 그렇다고.

엥? 난 또 뭐라고….

하지만 정말로 그런 상황이라면 어떻게 할까?

눈앞에서 외계인으로 보이는 것이 팔 같은 것을 올리는 듯한 움직임을 보여준다면?

그래.

우선 인사를 받아주는 것 같은 행동을 보여주고 슬쩍 자리를 피하면 어때?

야! 너 정말….

이크, 실례.

여하튼 '왜 그런 움직임을 시도했을까?' 하고 생각하겠지.

아니, 그건 이미 상대의 움직임을 행위라고 여기고 묻는 게 아닐까?

그런가? 그럼 '왜 그런 움직임이 일어났을까?'는 어때?

반대로 그 질문에는 행위가 나올 틈이 없어져. 예를 들어 '이런저런 자극에 반응하여 전기 신호가 이러저러한 경로로 전해져서…' 하는 식으로 대답하면 끝나버리니까.

어렵네. 어떻게 하면 좋을까?

우선은 그게 뭔지 정하고 나서 외계인을 상대하는 수밖에 없을 것 같아.

그 말은?

그 움직임이 행위인지 행위가 아닌지는 관찰해본들 알 수 없어. 그래서 우선 그것이 행위라고 정하고 상대하는 거야. 물론 독단적이긴 하지만, 그 점은 유연한 자세로 임한다고 치고.

유연한 자세라면?

역시 우선은 인사를 받아주는 식으로….

저기, 이보게….

이번에는 농담 아니야. 진지하다고. 그런데 그렇게 해서 상대가 공격해오면 줄행랑을 치는 거지.

그게 유연한 자세라는 거냐?

그래.

정말 진지하게 얘기하는 거야? 네 말은 농담인지 진담인지 구별하기 어렵다고!

진짜 정말 왕진지!

이런 말인가? 우선은 행위라고 정하고 상대를 해. 만약 행위라면 그것에는 '인사'라든가 '위협' 같은 의미가 있을 테니까 그에 따라 적절한 대응을 찾으면 된다, 이런 거야?

그래, 그런 말이야. 나아가 그들과 더불어 공동의 실천을 펼칠 수 있을지 모색하는 거지.

그렇구나. 조금은 알겠다.

뭘?

보고 있기만 해서는 알 수 없으니까 더불어 살아가자는 말이잖아.

그래, 그런 말이 될 것 같아. 우선 가설의 관점에서 그들에 대해 애니미즘의 태도를 취하고 더불어 살아가려고 해보는 거야. 그래서 그럭저럭 괜찮으면 계속하는 거고, 아무리 해도 안되면 그들에 대한 애니미즘을 철회하는 거지.

철회하면 어떻게 되지?

그들의 움직임은 단순한 자연 현상에 지나지 않는 거지.

어쩌면 그것이 우리가 할 일일지도 모르겠네.

의지에서 의미로! 이런 말이지.

응?

맨 처음에 행위를 행위가 되게끔 만드는 것으로 의지의 유무를 찾으려고 했잖아. 그러나 그건 앞뒤가 맞지 않은 채 끝났어. 그래서 의지가 아니라 행위의 의미를 찾으려고 했지.

아, 그렇구나. 의지에서 의미로 넘어갔다는 말이네.

의도는 행위에 의미를 부여한다

그렇다고는 해도 '의미를 찾는다'는 것만으로는 여전히 너무 애매모호해.

그렇지. 단순한 자연 현상을 놓고도 그 의미를 찾으려 할 수도 있으니까. 예를 들어 '이 군발지진(소규모의 지진이 한 지역에서 본진이라 할 만한 큰 지진 없이 길게는 수개월에 걸쳐 일어나는 것으로 지진군이라고도 한다-옮긴이)은 무엇을 의미할까?'라고 묻는다든지….

또는 볼이 발그레해지는 생리적인 신체 반응에 대해서도 부끄러워하는지, 참기 어려운 것인지, 아니면 화를 내는지, 그 의미를 찾을 수도 있어.

그렇다면 특히 행위의 경우에는….

구체적으로 생각해보자. 네가 팔을 들어 올려. '왜 팔을 들어 올렸을까?' 하고 나는 생각해. 그건 결국….

상대방이 어떤 마음으로 그렇게 했는지 묻고 있는 거야. 그래서 예를 들어 '인사하는 거였구나'라든지 '택시를 잡으려는 거였구나' 하는 답이 나와.

다시 말해 행위에 의미를 부여하는 것은 의도나 목적이야. 분명 우리는 군발지진에 대해 '도대체 무슨 작정으로 이러는 걸까?' 하고 묻지는 않아. 네 볼이 발그레해지는 것에 대해서도 '대체 어떻게 할 작정이야?' 하는 말은 하지 않아.

어떻게 할 작정이냐 묻다니, 말도 안 돼. 무슨 작정을 하고 볼이 발그레해지는 건 아니니까.

그래, 그거야.

저기, 잠깐 샛길로 빠질지도 모르겠지만, 얘기해도 될까?

뭔데?

누가 빨래하고 있는가라는 문제를 넌 어떻게 생각해?

어떤 문제를 말하는 거야?

세탁기에 빨랫감을 던져 넣고 과자를 먹으면서 텔레비전을 보고 있다고 하자.

네 아내 얘기냐?

무슨 소리야? 우리 집사람은 그러지 않아.

왜 정색을 하고 그래?

밉상스런 소리만 하는군. 여하간 그 사람이 빨래를 하고 있는데, 이건 좀 석연치 않은 구석이 있어. 세탁기에 의도를 묻는다고 해도 소용없잖아. 텔레비전을 보고 있는 집사람, 아니, 아니지, 그 사람에게 물어봐야겠지.

흐음. 재미있는 생각이네. 동력의 측면에서 보면 빨래는 거의 세탁기가 담당하고 있지만 빨래하려는 의도는 전적으로 인간에게 있어. 한마디로 행위 주체란 동력의 담당자가 아니라 의도의 담당자라는 말이군.

그래, 그렇지.

그렇게 생각하면 명령에 의해 이루어지는 일은 도대체 누가 하는 어떤 행위일까? 이런 문제는 상당히 미묘하네.

상사와 부하, 상관과 부하, 또는 교주와 신자.

실제로 우리 사회에는 그런 문제가 빈번하게 일어나지.

몸을 움직이는 마음이라는 조종사

그렇지만 잘 들어봐.

뭘?

의도를 갖고 들어옴으로써 이야기가 의지 쪽으로 도로 돌아간 것 아니야?

어째서?

왜냐하면 의도라는 것은 '우리의 문제'가 아니라 행위하고 있는 개개 주체의 마음속 문제잖아. 다시 말해 의지가 '마음속에 있는 동력'이라고 생각한다면 의도는 '마음속의 사령실' 같은 것이니까 말이야.

그럴까?

그렇지 않아?

아무래도 '말과 기수' 모델로 행위에 대해 생각해보고 싶은 모양이구나. 그 마음은 잘 알겠어. 그렇지만 난 그걸 잘 받아들일 수 없어. 어떻게 해서든 그 모델에서 벗어나고 싶거든.

'말과 기수'?

마음과 신체를 분리해서, 신체라는 말과 거기에 타고 있는 마음이라는 기수의 형태로 생각하는 거지.

건담(1979년에 제작된 일본의 애니메이션《기동전사 건담》시리즈에 나오는 건담이라는 이름의 로봇. '모빌 슈츠'라 불리는 인간형 로봇 병기는 어디까지나 병기로서 소도구 형태로 취급한다-옮긴이) 모델이군.

그게 누구야? 데카르트 시대 사람인가?

하하하, 아무것도 아니야.

어쨌든 의도를 주체의 마음 상태라고 파악하는 관점에 대해서는 무엇보다도 먼저 의지에 대해 이야기한 것과 동일한 의문을 던지고 싶어.

그 의문이 뭐였지?

의도라는 마음의 상태는 어떤 것일까? 그리고 실제 행위 장면에서 그러한 마음의 상태가 정말 체험 상태에 있다고 할 수 있을까? 이를테면 목적지를 향해 전철을 타고 갈 때, 그곳에 가고

자 하는 의도는 있지만 의식은 읽고 있는 책이나 차창 바깥 풍경을 향해 있다면, 그건 딱히 의도라고 부를 수 있는 마음의 상태는 아닐 거야.

음, 그렇군.

그리고 의도를 마음의 상태라고 파악하는 것은 왠지 앞에서 논의한 '의미를 관념으로 파악하는' 사고방식과 통하는 것 같기도 해.

알 것 같기도 하고….

의미는 마음속에 관념으로 존재하지 않아. 이 점은 이제 나한테는 확실해졌어. 그렇다면 의도도 마음속에 있는 것은 아니라고 말하고 싶어.

그렇군. '의지에서 의미로'라는 흐름은 의미가 관념이라는 설과 결별하는 것과 관계되어 있고, 의도에 대해서도 새로운 시각을 요구하고 있구나.

맞아.

그런데 새로운 시각이라는 건….

어느 쪽이든 의도는 우리의 실천 속에서 나타난 의미라 할 수 있어.

추상적이라 잘 모르겠어.

나도 아직 잘 몰라. 하지만 구체적으로는 다양한 실천의 장면을 생각하면서 하나하나 짚어 나가는 수밖에 없을 거야.

다양한 실천의 장면이라는 건 뭐야?

인사를 한다든가 어떤 작업을 하는 것. 또는 약속을 하거나 계획을 세우는 것. 그리고 그래, 그렇지, 교육하거나 재판하는 것. 이런 온갖 장면을 생각해야 할 것 같아. 그런 장면에서 '의도'라는 관념이 어떻게 작용하는지 알아봐야겠지.

그래서 뭔가 새로운 '의도'의 모습이 보이면 건담 모델, 아니 말과 기수 모델과 자연스레 작별할 수 있겠군.

그럴 거라고 봐.

그래도 그런 말이라면….

응?

어쩌면 '의지'도 부활할지 모르잖아. '동력으로서의 의지'가 아니라….

그건 어떤 '의지'일까?

글쎄.

후설(1859~1938)은 의식이란 무언가에 대한 의식이며 이러한 의식의 일반적인 특성을 지향성이라는 개념으로 정리했다. 행위와 행위가 아닌 것을 구별할 때 관건이 되는 의도는 지향성의 일종이며, 모든 실재는 어떤 의미를 부여하느냐에 따라 다르게 성립된다.

9. 자유의 문제

인간은 자유롭다는 걸 어떻게 증명하지?

인간도 물질 덩어리라고?

'행위'의 문제와 관련해서 잠깐 생각한 게 있는데 말이야.

그게 뭔데?

우리는 자유로울까 하는 것.

그게 저, '자유'라는 말도 여러 가지 의미가 있으니까….

또 국어사전을 찾아볼까?

너 사전 참 좋아하는구나.

뭐 그런 편이지. 어이구, '자유'가 붙은 말이 66개나 실려 있어. '자유형', '자유업', '자유결혼', '자유무역'….

'자유결혼'?

'부모의 동의없이 하는 결혼'이라는군.

'자유전자'(自由電子, 진공이나 물질 속에서 외부로부터 힘을 받는 일 없이 자유롭게 떠돌아다니는 전자-옮긴이)라는 것도 있을걸?

와, 정말이네. 전자는 자유로운 걸까?

'전자로부터 받는 속박력(구속 운동을 하고 있는 물체가 받는 힘-옮긴이)이 최소인 것'이라고 쓰여 있어. 결국 '자유'라는 말은 '무엇으로부터의 자유'인가에 따라 다양한 의미를 갖는 것 같아.

결국 무엇을 '부자유'라고 여기느냐에 달려 있네.

네가 문제로 삼고 싶은 '자유'는 뭐야?

글쎄. 음, 뭐랄까…. 그렇게 고상한 얘기가 아니라 사소한 건데…. 예를 들면 팔을 올릴 자유 같은 것. 일단 장애가 없는 사람이라면 자유롭게 팔을 들어 올릴 수 있다고 생각하잖아.

그러면 장애로부터의 자유?

아니, 그런 건 아니고…. 평소에 팔을 움직이는 데 문제는 없지만, 가끔 장애가 없는데도 그러한 움직임이 부자연스럽게 느껴질 때가 있는 거야. 행위에 대해서 이야기를 하다 보니 그런 기분이 드네.

흐음

'자유전자'라고 했지? 그런데 행위라는 의미에서 보면 원자나 분자는 자유롭지 않아. 원자에 의지가 있다고 할 수는 없으니까. 원자는 말하자면 자연법칙에 따라 움직일 뿐이거든.

뭐 '자유전자'라고는 해도 전자가 자연법칙에 따라 자유롭게 스스로 의지를 갖고 행위를 한다는 말은 아니니까.

하지만 우리는 쪼개고 또 쪼개면 결국 원자와 분자의 덩어리 아니야?

그건 그렇군.

모든 요소가 자연의 인과 관계에 구속되어 있는데도 전체로서의 우리는 어떻게 자유로울 수 있을까?

거꾸로 말하면 자유로운 행위를 함으로써 우리는 자연의 인과 관계에 개입하고 있는 것이 아닐까? 팔을 들어 올리는 것도 팔을 구성하고 있는 분자의 위치나 운동을 변화시키는 일과 다름없잖아.

팔뿐만 아니라 주위의 상황도 그래. 내가 이렇게 팔을 움직인 결과 파리를 쫓아내는 것처럼 공기 중의 산소분자를 쫓아낸 것이고….

난 네 담배 연기를 쫓아냈지.

허, 미안!

그러나 그 문제는 좀 더 거시적인 관점의 문제와 중첩될 것 같아.

무슨 소리야?

인간도 결국은 자연적 존재라고 할 수 있어. 그러나 인간은 자연을 개조하고 자연에 개입하는 자유를 가진 것처럼 보여. 그렇다면 인간의 내부에 무언가 자연을 뛰어넘는, 자연이 아닌 것이 있는 걸까?

뭐라고 할까, 이런 식으로 뭉뚱그리는 것은 싫어하지만….
인간도 철두철미하게 자연적 존재이고, 자연에 순종하는 일은 있어도 개입하는 일은 가당치도 않다는 생각이 강하게 들어.

그건 아마도 '자연'이라는 말을 통해 무엇을 생각하느냐에 달려 있을 거야. 그렇지만 여기에서 생각하는 것은 자연 과학이 다루는 사물의 질서야. '자연은 거스를 수 없다'는 생각은 이해 못할 바도 아니지만, 땅에 떨어지려는 밥그릇을 도중에 받아 드는 것도 자연을 거스르는 인간의 행위이고, 내가 네 담배연기를 손으로 밀어내는 것도 사소하기는 해도 자연에 개입하는 일이야. 우리가 스스로의 의지에 의해 자유롭게 어떤 행위를 할 때, 반드시 우리는 자연을 변화시키고 자연에 개입해. 그 점이 단순한 자연 현상과 구별되는 인간의 행위가 아닐까?

한마디로 여기에서 '자연'이라고 불리는 것은 특히 물리학에서 기술하는 개념 같은 것이로군. 그리고 우리는 '인간'이기 때문에 물리학만으로는 기술할 수 없는 것을 막연하게 생각하고 있고. 그렇지만….

인간도 물리학에서 기술하는 물질 덩어리에 지나지 않아.

그야 그렇지.

그리고 우리한테는 문제가 하나 더 있어.

뭔데?

이제까지 너하고 몇 번이나 논의해오면서 '의미', '규범', '행위' 같은 말을 개인 차원이 아니라 오히려 공동체의 실천 속에서 나타나는 것이라고 생각하게 되었잖아. 하지만 물리학에서 기술하듯이 개인이 물질 덩어리에 지나지 않는다면 공동체도 역시 마찬가지일 거야. 공동체는 단지 물질 덩어리의 집합이라는 말에 불과하잖아.

인간은 자연 법칙에 따르는 마리오네트 인형일까?

그렇지만 인간을 물리학에서 이야기하는 물질로 간주하는 것과 인간이 물질이라는 점에서 자유로울 수 있다고 간주하는 것 사이에는 관점의 차이가 있는 것 아니야?

그럴지도 모르겠지만, 그래서 어떻다는 말인데?

그러니까 인간을 물리학적 관점에서 보면 인간의 움직임은 자연 법칙에 따르는 운동에 지나지 않아. 하지만 사회적 실천 같은 관점에서 보면 우리가 자유롭게 한 행위가 되지. 그건 관점이 다른 거니까 딱히 모순적이진 않아.

그런가?

예를 들어 커피 잔을 음료를 담는 것이라고 보면 사용하기 쉽지만, 그걸 재떨이로 보면 사용하기 어려워. 그래도 이 두 가지는 서로 모순되지 않잖아.

그러면 어디까지나 물리학적 관점에서 보면 낙엽이 떨어지는 움직임이나 우리가 창문을 열거나 인사하는 행위가 다 자연법칙에 따른다는 의미에서는 차이가 없다는 말이네.

맞아. 다만 거기에 대해 사회적인 실천이라는 관점을 더하느냐 아니냐 하는 점이 다른 거지. 낙엽은 우리의 실천에 가담하지 않지만 인간은 그게 아니야. 우리의 실천은 실로 인간을 중심으로 이루어지고 있어.

그렇게 보면 안 될 텐데….

어째서?

아까 한 질문을 반복하자면, 인간은 자연의 인과 관계에 개입할 수 있을까?

음, 그건….

어떤 관점으로 보든 우리도 낙엽과 마찬가지로 자연 법칙에 따를 수밖에 없다면, 우리의 움직임은 자연 법칙에 얽매여 있어. 그렇지만 만약 자연 법칙에 따라서만 움직인다면, 난 '자유로운 행동'도 공허하게 느껴질 거야. 그건 결국 마리오네트 인형에 지나지 않을 테니까.

마리오네트 인형이 여럿이서 무언가를 실천했다고 한들 조종당한다는 사실은 변하지 않는다는 말이로군.

난 그렇게 생각해.

맘대로근과 제대로근

인간은 결국 자연 법칙에 얽매여 움직일 수밖에 없다고 말하잖아, 그런데 그런 움직임 중에 어떤 움직임만 특히 '자유로운 행동'이라고 부른다면 논리가 좀 이상하지 않을까? '자유로운'이라는 말은 어떤 움직임이 가지는 특징에 붙는 형용사인걸?

어떤 움직임이 가지는 특징이라는 말이 무슨 말이야?

맘대로근(의식적으로 움직임을 조절할 수 있는 근육. 이러한 조절은 중추 신경계에서 내려온 신호가 말초 신경계를 통해 근육까지 전달되어 이루어진다-옮긴이)과 제대로근(신체의 근육 중 의식적으로 조절할 수 없는 근육. 대표적인 제대로근으로는 심장 근육, 소화 기관이나 생식 기관의 근육, 혈관 벽의 근육이 있다-옮긴이)의 차이로 보면 재미있을지도 몰라.

흐음.

두 근육 모두 뇌가 어떤 자극을 처리한 결과 나오는 반응이라는 점에서 차이가 없어. 그런 의미에서 볼 때 둘 다 자연의 인과 관계에 따를 뿐인 거지. 하지만 우리는 맘대로근과 제대로근을 구별하잖아.

어떻게 구별하는데?

음, 두 가지를 구별하는 특징이 있다고 생각해. 예컨대 심장이 뛰는 것은 내가 원하는 대로 조절할 수 없지만, 팔 같은 것은 '들어 올리려고 생각하면 들어 올릴 수 있다'는 식으로….

후후.

왜 웃고 그래?

말꼬리를 잡는 것 같지만, 넌 정말 팔을 들어 올리려고 생각만 하면 팔이 올라가든?

으이구!

난 안 올라가던데….

어째서?

올리려고 생각하고 있는데, 이것 봐. 꿈쩍도 안 하잖아.

진심으로 팔을 올릴 생각이 없으니까 그렇겠지.

야, 함부로 말하지 마. 진심으로 생각하고 있어. 팔이여, 올라가라! 어, 그런데 안 올라가네. 어째서냐고? 그야 생각만 하고 있으면 올라가지 않으니까 그렇지. 넌 올라간다고 했지?

그런 의미라면 올라가지 않아. 쳇, 얄미운 놈!

어떤 의미라면 올라갈까?

흠, 내가 틀린 건가? 아, 맞아. 무언가 동력을 찾아서 가동시키는 것을 생각하지 않아서 이상해진 거 같아.

그래, 또 다시 '말과 기수' 모델이군. 이 모델과 결별하려면 도리어 팔은 단적으로 올라가는 것이라고 생각하는 게 좋을 것 같아. 심장이 단적으로 움직이고, 낙엽이 단적으로 떨어지는 것처럼….

그러면 맘대로근과 제대로근의 차이가 없어진다고!

하지만 어쨌든 '뜻에 따른다'든가 '뜻에 따르지 않는다' 같은 표현에 속아 넘어가지 않아야 한다고 생각해.

하지 않을 수도 있었다

그럼, '팔을 올리지 않을 수도 있었다'는 것은 어떨까?

느낌이 올지도 모르겠다.

행위의 '자유'에는 이런 의미가 들어 있는 거잖아. 그러니까 '이렇게 하기는 했지만 그러지 않을 수도 있었다'라는…. 그렇게 할 수밖에 없었다면 그건 자유로운 행위라고 말할 수 없어.

하느냐 마느냐를 선택할 수 있는 자유라는 말이구나. 그렇지만….

뭐가?

'팔을 들어 올렸지만 사실 올리지 않을 수도 있었다'는 것은 어떤 의미일까?

어떤 의미냐니?

넌 정말 팔을 올리지 않을 수 있었어?

의심하는 거야?

의심해보고 싶어. 왜냐하면 넌 이미 팔을 올렸거든. 팔을 올려놓고 '실은 올리지 않을 수도 있었다'고 말한들 무엇을 말하는 것인지 잘 모르겠어. 물론 말꼬리 잡는 것처럼 들릴 수 있다는 건 알아. 하지만 이건 중요한 문제야.

분명 '올리지 않을 수 있었다'고 말해도 그걸 증명해달라고 하면 어떻게 할 도리가 없어.

그래, 그런 거야. '하지 않을 수 있었다'는 것은 이미 해버린 지금에 와서는 증명할 길이 없어.

그럼 '올리기도 하고 올리지 않기도 한다'고 하면 안 될까?

잘 들어봐. 우선 올려. 그 다음에 내려. 이번에는 올리지 않고 그대로 있어. 뭐, 이런 게임도 있잖아?

그건 오히려 더 이상해.

왜?

지금 넌 팔을 올리기도 했고 올리지 않기도 했어. 하지만 그 행위 하나하나에 '그렇게 하지 않을 수 있었다'는 전제가 없다면, 아무리 네 팔이 올라가기도 하고 올라가지 않기도 한들 그것이 맘대로운동이라는 결론은 나오지 않아.

다시 말해 올릴 수밖에 없으니까 올리고, 올리지 않을 수밖에 없으니까 올리지 않는다고 하면 자유로운 행위라고 말할 수 없다는 말이지?

맞아. 결국 '자유'라는 개념에 '하지 않을 수 있었다'는 전제가 없으면 안 되고, 그 점을 피해갈 수는 없어.

그러면 '하지 않을 수 있었다'는 건 어떤 의미야?

너무 당연한 일이지만, 현실은 늘 한 가지야. 일어난 일은 일어난 대로 일어나지. 그것에 대해 '그러지 않을 수도 있었다'고 말하는 것은 비현실적인 가능성의 세계를 묻고자 하는 거야. 그런데 그건 결국 어떻다는 말일까?

결정된 세계, 세상은 이미 결정되어 있다

낙엽이 떨어지는 경우는 어떨까?

그렇지 않은 경우가 있을 수 있는지를 묻는 거야?

그래. 가지에서 떨어져 나와 어떤 장소에 떨어져. 낙엽의 경우도 그 장소에 떨어지지 않을 수는 없어. 그렇지? 조금 벗어난 곳에 떨어지는 경우는 있을까?

그런 일은 있을 수 없다고 생각해.

어째서?

나무의 높이, 가지의 모양, 잎사귀의 형태, 무게, 그리고 바람의 상태 등 이런 요소가 전부 일정하다면 낙엽이 떨어지는 장소도 정해져 있다고 생각하지 않아?

그렇군.

만약 다른 장소에 떨어졌다면 거기에는 뭔가 다른 원인이 작용했겠지. 생각할 수 있는 모든 원인이 일치한다면 그 결과도 똑같아야 해.

대포 탄환의 궤도가 발사 조건과 공기 상태로 정해지듯이 낙엽도 마찬가지야.

맞아. 낙엽의 경우는 공기 저항의 영향을 받기 쉽기 때문에 움직임이 복잡하지만, 모든 원인이 만약 엄밀하게 동일하다면 낙엽의 궤도도 동일하겠지.

그렇다면 만약에 우주의 상태가 어느 날 과거의 어느 시점의 상태와 똑같아진다면 어떨까?

우주는 완전히 똑같은 역사를 반복하기 시작하겠네.

그렇겠지?

그러니까 자연은 선행하는 상태가 정해지면 다음 상태도 똑같이 정해진다는 말이네.

그렇다면 미래도 영원히 결정되어 있는 것 아니야?

어쩔 수 없지, 뭐….

어쩔 수 없다는 말이 나와? 그럼 우리 인간은 어떻게 되는 거야?

그게 바로 지금 우리가 논의하고 있는 문제야. 인간은 결정되어 있는 세계의 시나리오를 바꿀 수 있을까? 난 바꿀 수 없다고 생각해. 인간도 자연의 시나리오에 따를 수밖에 없는 물질 덩어리니까.

그럴까…? 이야기는 조금도 진전되지 않고 또 다시 원점으로 돌아왔구나.

마치 정처 없이 사막을 헤매고 다니는 것 같아.

시미치 뚝 떼고 얘기하지 마.

그런데 세계의 시나리오가 결정되어 있다는 것은 팔을 들어 올리는 것도 결정되어 있다는 말이야. 도대체 그때 어떻게 '팔을 들어 올리지 않는' 것이 가능할까?

무리 같은데?

확실히 무리야.

그래도 팔을 들어 올리는 것이 자유로운 행위라는 말은 훨씬 더 명확해.

하지만 그게 자유라면 넌 팔을 들어 올리지 않을 수 있을 거야.

그렇지….

'행위의 자유'가 '그렇게 하지 않을 수 있었다'는 것을 포함하는 이상, 그것은 '결정되어 있는 세계'라는 이른바 결정론의 이미지에 어긋나. 이건 이미 명명백백한 것이 아닐까? 자유와 결정론은 아무리 해도 물과 기름 같다는 것….

비결정의 세계, 우리는 왜 자연에 개입할 수 없을까

세계는 결정되어 있지 않다고 생각할 길은 없을까?

무슨 근거로?

우리는 자유로우니까 말이야. 이 점은 부정할 수 없는 사실이야. 그렇다면 결정론을 움직이는 수밖에 없지 않을까?

왠지 너덜너덜한 느낌인데….

하지만 내가 듣기론 소립자의 상태는 결정되어 있는지 아닌지 알 수 없다고 하던데?

분명 현재의 양자역학은 비결정론적이어서 그것을 다시 결정론적으로 만들려는 사람들은 이단 취급을 받는 것 같아. 아인슈타인은 이단의 선구자였던 셈이야.

그건 아인슈타인이 틀렸어.

왜?

우리는 자유로우니까.

아이고, 아인슈타인이 저승에서 뭐라고 하려나?

하지만 비결정론적인 양자역학은 자유 편이지.

그렇게 가볍게 관련짓지 좀 말아. 그런데 비결정론은 자유를 확보할 수 있을까?

그 말은 곧?

비결정론이라고 해도 '자연은 결정되어 있지 않으니까 당신이 결정하라'고 이야기하는 것은 아니잖아. 자연의 움직임은 변함없이 자연의 자율에 맡겨져 있어. 그저 그 움직임이 비결정적이라는 것에 지나지 않아.

아, 미안. 잘 모르겠어.

그러니까 만약 네 팔의 움직임이 신의 주사위 놀음에 따랐을 뿐이라고 하면.

짝수가 나오면 팔을 올리고 홀수가 나오면 그대로 있는 식으로?

그래. 그럴 때에도 넌 자유롭게 팔을 들어 올릴 수 있을까?

안 될까?

네가 자유롭게 행위를 하기 위해서는 이른바 결정할 수 있어야 해.

그 말은 곧 결정론이든, 비결정론이든, 문제는 자연의 시나리오가 자연의 자율에 맡겨져 있다는 말이네.

그리고 우리도 그 시나리오에 따를 수밖에 없어. 그런데 '자유'라는 개념은 그것에서 이탈하기를 요구하고 있지. 우리는 팔을 올릴 수도 있고 올리지 않을 수도 있어. 둘 중 하나를 선택하고 결정할 수도 있어. 하지만 이것은 지금 우리의 자연관과 모순되지. 자연은 자율적이고 우리의 개입을 거부해.

우리는 어떻게 자연에 개입할 수 있을까? 아, 또 다시 원점으로 돌아가 버렸어.

정말 사막을 헤매고 있는 것 같아.

자유로워지기 위해 필요한 것, 허구의 개입

어떻게 하면 좋을까?

'자유'는 착각이라 치고 내다버릴까?

안 돼. 자유는 우리의 근원적인 신념이니까 내다버리면 안 되지.

그러면 이제까지 논의해온 것을 수정해야 해.

문제의 구도는 상당히 단순하니까 어디에 수정의 가능성이 있는지는 한정되어 있다고 생각해.

단순하기 때문에 되려 질기고 단단한 거야.

우선 첫째, 자유롭게 팔을 들어 올렸다면 팔을 들어 올리지 않을 수도 있었을 거야. 이것은 '자유'에 따르는 기본적인 전제인 만큼 움직일 수 없어. 둘째, '하지 않을 수 있었다'는 것은 결정론을 위반해. 왜냐하면 결정론에 따르면 내가 들어 올린 팔은 올라가도록 정해져 있었기 때문이야. 그리고 셋째, 그렇다고 해도 비결정론을 취한다면 팔을 들어 올리는 것이 내 선택이고 내 결정이라고 말할 수 없어. 뭐, 죽 훑어보면 이런 흐름이지.

그런데 어디를 수정해?

아무래도, 두 번째겠지.

팔이 올라가도록 정해져 있었다는 것을 인정하고, 그럼에도 '하지 않을 수 있었다'고 모순 없이 말할 수 있다…. 이렇게 말하고 싶은 거야?

아직 잘 모르겠지만, 여하튼 '하지 않을 수 있었다'는 말의 의미가 또렷하지 않아. 그래서 그 점을 생각하는 것이 돌파구가 될지도 몰라.

어렵군.

도움닫기부터 시작하고 싶은데, 괜찮아?

응, 원하는 대로….

낙엽이 땅으로 떨어진다고 하자.

행위가 아니라 자연 현상의 경우지?

응. 자연 현상으로서 낙엽은 그렇게 떨어질 수밖에 없었다고 하자. 하지만 우리는 그것에 대해 만약 낙엽이 떨어지지 않았다면 어땠을까, 또는 다른 곳에 떨어졌다면 어땠을까, 이런 생각을 할 수 있어. 그렇지?

응, 그렇지. 예를 들어 태풍의 진로는 기압의 배치에 따라 결정되지만, 만약 태풍이 한사리 때 접근하지 않았다면 어땠을까, 다른 장소에 태풍이 상륙했다면 어땠을까, 이런 생각을 하지.

그리고 그렇게 생각했다고 결정론에 모순되는 건 아니야.

그건 그렇지.

말하자면 눈앞의 현실에 대해 사실과 어긋나는 온갖 허구를 이야기하는 거야.

흐음. 그러나 그것은 행위에만 국한되는 특징은 아니야. 낙엽의 경우에도 그렇고, 태풍의 경우에도 그런 이야기를 하니까 말이야.

하지만 자유라는 것도 이런 허구를 이야기하는 방식 가운데 하나가 아닐까?

무슨 말이야?

음, 잘은 모르겠어. 그렇지만 어쨌든 현실을 압도적으로 지배하고 있는 자연의 질서에 대해 자유가 허구라는 것을 적극적으로 인정해버린다면….

결국 자유란 마리오네트 인형이 보는 환상이라고 인정하는 거야?

그게 아니라 우리는 그런 허구에 기대서 살아가고 있다는 말이야. 그런 근원적인 허구가 있는 것이 아닐까?

근원적인 허구라…. 그것 참….

세계의 시나리오는 결정되어 있다고 말했지? 하지만 그것을 둘러싸고 아직 쓰이지 않은 방대한 양의 픽션이 있는 게 아닐까? 그런 의미라면 세계의 시나리오는 아직 미완의 상태라고 봐야 해.

그건 어떤 상태일까?

아주 단순한 예를 생각해보자. 어떤 사람이 A점에서 B점으로 이동해. 여하튼 A점에서 B점으로 가는 운동이 현실로 존재해. 그렇지만 그것은 'B점을 향한' 것일까? 아니면 'A점에서 도망친' 것일까?

과연, 그런 시나리오는 물리학에 쓰여 있지 않아.

현실의 운동은 한 가지로 정해져 있어. 하지만 그것에 대해서 '향한' 것인지, '도망친' 것인지, 두 가지로 시나리오를 쓸 수 있어. 그렇다면 두 가지 시나리오의 차이는 어디에 있을까?

허구의 이야기 안에 있나?

그렇지 않을까?

허구의 이야기라…. 이를테면 이런 이야기는 어떨까. 확실히 현실의 운동은 한 가지밖에 없지만 만약 B점 앞에 장애물이 있었다고 생각한다면?

실제로는 없었지만 있었다고 생각한다는 거지?

그래. 실제로는 없었어. 하지만 만약 있었다고 하면 두 가지 시나리오의 차이는 확실해져. B점을 향한 경우에는 장애물을 치우든지 돌아가든지 해서라도 B점을 향해가려고 했겠지. 그와 반대로 A점에서 도망친 것이라면 B점을 무시하고 무조건 A점에서 멀어지려고 했을 거야.

그러니까 그런 비현실의 가능성이 현실의 운동에 대해 'B점을 향했을까', 아니면 'A점에서 도망친 것이었을까'라는 행위의 의미를 부여해준다는 말이지?

예를 들어 '팔을 들어 올리는' 것도 허구의 개입에 의해 '인사'가 되기도 하고 '택시를 잡으려는 신호'가 되기도 하고 '무용 연습'이 되기도 해.

그것이 우리 생활의 시나리오로군.

얽혀 있는 허구들이 한 가지 현실에 다양한 의미를 부여하는 거지.

그리고 우리는 그 의미 속에서 사는 것이고….

그렇게 하면 문제는 우리의 근원적 허구가 어떻게 성립하고 어떤 내실을 갖고 있는지를 더욱 명확하게 밝히는 거야.

그런 식이라면 자유의 문제에 언어가 관여할 것 같은데….

무슨 말이야?

허구를 자아낸다는 것은 필시 언어가 있어야 가능한 거니까 말이야.

허, 그럴지도 모르지.

아마도 규범의 문제를 포함해 지금까지 논의해온 것이 우리의 근원적인 허구와 관련이 있는 것 같아.

언젠가 여기에 짜여 있는 전체를 들여다보고 더 명쾌하고

속이 시원하게 내다볼 수 있었으면 좋겠네.

우리의 철학 시나리오를 이야기하는 것도 가능해.

그렇겠지. 고찰을 반복하고 논의를 심화시키면서 다양한 관점을 확인하려고 하는 우리의 언어도 역시….

허구겠지.

결정론은 인간의 행위가 어떤 원인에 의해 일어나는 것이며 인간의 의지가 자유롭지 않다고 주장한다. 칸트(1724~1804)는 이러한 결정론을 인정하면서도 실천이성의 근본이 되는 자아는 인과관계에 지배되지 않으며, 오히려 자아로부터 인과관계가 시작된다는 비결정론적 견해를 가졌다.

후기

처음부터 내게 철학은 나 자신과 나누는 대화 같은 것이었기 때문에 대화 형식으로 책을 집필하는 것은 자연스러운 일이었다. 그것은 뜻밖에 즐거운 작업이었고, 바라진 않았지만 이 작업으로 여러 결실도 얻을 수 있었다. 이 책을 쓰는 도중에 몇 번이나 난 진심으로 생각에 빠졌다. 어떻게 서술할까라는 저자의 고민이 아니었다. '이건 어떻게 되는 거지?' 하는 철학의 신음이었다. 그리고 몇 번인가 '아하, 그렇구나!' 하는 생각이 들었다. 그런 것은 언젠가 논문으로 발전시켜보고 싶다.

물론 한정된 지면을 통해 독자를 지루하지 않게 하려고 머리를 굴리며 썼기에 이 책에서 나의 고찰 전부를 다 집어낼 수는 없었다. 또한 철학적으로 가능한 논의라는 점에서 여기에 써 놓은 논의는 컵 속에 담긴 것처럼 한정되어 있을 뿐이다. 그러나 기본적으로 이 책은 다양한 철학적 문제에 대한 내 사고의 여정을 기록했다는 성격을 가지고 있다.

그렇지만 두말할 나위도 없이 대부분의 논점은 이제까지 다른 철학자들이 발표한 것에서 빌려왔다. 그리고 지극히 부분적으로 내 논점이 섞여 있다. 원래라면 나의 논점과 빌려온 논점을 구별해 빌려온 것에는 출처를 명기해야 한다. 그러나 나만의 독창성을 주장하고자 하지 않았기에 이 책에는 그런 절차가 불필요하다고 생각했다. 또한 여기에서 다룬 논점도 거의 공공의 재산이 되었다고 할 수 있다. 단지 한 군데, 1장에 나오는 로봇으로 변신시키는 이야기는 나가이 히토시(永井均) 씨가 해준 이야기에 근거했기 때문에 이것은 나가이 히토시 씨의 생각이라는 점을 밝혀놓겠다. 물론 내가 그의 이야기를 오해하고 있다면 이것은 내 논점이 될 것이다. 전체적으로 책에서 읽은 다른 철학자들의 경우도 내가 오해했을 가능성이 적진 않다. 만약 그렇다면 내 처지에서는 매우 기뻐할 일이다. 그럴 때 그 논점은 나만이 생각하는 독창적인 것이 되니까. 뭐, 한마디로 이 책에서는 그것이 누구의 논의인지는 별로 중요하지 않다는 말이다. 다만 여기에는 철학의 수수께끼가 있고, 수수께끼를 둘러싼 논의가 있을 뿐이다.

그래서 이 책을 읽는 독자 중에는 여기에 나오는 수수께끼에 도전해보고 싶은 사람도 있지 않을까 한다. 그런 도전이 있다면 나는 진지하게 받아들이고 싶다. 하지만 망설이는 기분도 숨기지는 못하겠다. 내가 감당하지 못할 난해한 문제가 주어진다면 솔직히 말해 난 기뻐해야 할지, 슬퍼해야 할지, 어쩔 줄 모르고 갈팡질팡할 것이 분명하기 때문이다. 그러나 역시 긍정적으로 임하고 싶다. 내 주소는 東京都目黒區駒場3 - 8 - 1 東京大學教養學部哲學硏究室이다.

마지막으로 이 책을 나 혼자 써낸 것이 아니라는 점을 강조해두고 싶다. 이 책의 간행에 관여한 사람은 다음과 같다. 편집은 우에다 노리유키(上田哲之), 조언자는 미야하라 요코(宮原洋子), 야마다 마사오(山田昌夫), 노야 요코(野矢洋子), 교정은 노야 요코, 미야하라 요코, 야마다 마사오 씨가 수고했다. 교정자들은 철학을 전공하지 않은 독자를 대표해 집필한 직후의 불완전한 원고를 읽은 뒤 귀중한 감상을 들려주고 적잖은 조언을 해주었다. 실제로도 우선 그들이 원고를 재미있게 읽을 수 있게 하겠다 생각했고, 이 생각은 직접적으로 집필에 대한 정열을 북돋워 주었다. 그러고 나서 완성 직전의 원고를 철학가 다지마 마사키(田島正樹) 씨가 읽어주었고, 내 전작보다 재미있다는 평을 해주었다. 특히 우에다 노리유키 씨는 편집자의 입장을 넘어 철학도로서 언제든지 의견을 들려주었다. 이렇게 모두들 최선을 다해주었지만 스스로 고찰이 미숙한 까닭에 상당한 불만도 남았다. 아무쪼록 나머지를 독자 스스로가 완성시켜주기를 바라마지 않는다.

1995년 10월

노야 시게키

옮긴이의 말

이 책의 원제는 『철학의 수수께끼(哲学の謎)』(講談社現代新書, 1996)이다. 철학이 곧 수수께끼라는 뜻으로도 보이고, 세계와 인간에 내재하는 숱한 수수께끼를 철학적으로 사유한다는 뜻으로도 보인다. 어쨌든 이 책에는 처음부터 끝까지 제목에 걸맞게도 알쏭달쏭한 물음과 답으로 가득 차 있다. 수수께끼의 매력을 미끼로 삼아 독자를 철학의 매력에 풍덩 빠뜨리는 것이야말로 저자의 바람이라는 생각이 든다.

이 책에는 두 사람의 등장인물이 나오지만 저자가 자신을 둘로 분열시킨 것이기 때문에 결국은 자기와 또 다른 자기가 주거니 받거니 하는 것이나 마찬가지라고 볼 수 있다. 마치 어린아이들이 천진난만하게 혼자서 여러 역할을 척척 해내면서 노는 모습과 닮았다는 인상도 풍기지만, 이 책의 대화는 어디까지나 부정의 연속이다. 다시 말해 서로를 이해하고 소통하기 위한 대화라고 할 수 있을지 고개가 갸웃거려진다.

이 책의 대화는 철저한 의심으로 가득하다. 상호 이해를 위한 대화라고는 보기 어려울 만큼 부정의 연속이다. 물음은 물음대로 의심하고, 대답은 대답대로 의심한다. 때로는 꼬투리를 잡는 식으로 문답을 이어가기도 한다. 이런 형식을 취한 이유는 의심하는 것이야말로 철학의 본질임을 말하려는 의도의 산물이 아닐까 한다.

이런 점에서 이 책은 시중에 나와 있는 철학 입문서와 성격이 다르다. 철학을 둘러싼 지식을 전달하는 것이 아니라 철학은 어떤 성격의 사유인가를 보여준다고 할까. 이 책은 철학자의 이름도 거론하지 않고, 철학 이론의 명칭도 나오지 않고, 철학적인 어휘를 구사하지 않는다는 점에서 매우 특징적이다. 철학이라는 앎의 내용이 아니라 철학이라는 앎이 지닌 본질을 전해주려고 하는 것이다.

이 책의 구상은 타자, 의미, 행위, 자유 등 철학의 근본적인 문제를 대화를 통해 다시 물어본다는 점에서 결코 가볍지 않다. 1인 2역의 연기를 펼치는 대화 형식이 매우 경쾌한 필치로 리듬을 타고 있을 뿐이다. 분명 철학 입문의 성격을 띤 책이지만 딱딱하고 젠체하는 학문의 이미지는 찾아볼 수 없다. 도리어 어떤 때는 어설퍼 보이는 대화를 나누기도 하고, 유머감각이 군데군데 섞여 있어 저자의 노력이 가상하다는 느낌을 준다.

이런 의미에서 나는 무엇보다도 이렇게 시나리오 형식까지 동원해 독자 대중을 향해 철학의 수수께끼를 친근하고 이해하기 쉬우면서도 재미있게 풀어주려는 철학자의 자세에 경의를 표하고 싶다. 연구의 성과를 더 많은 대중과 공유하기 위해 노력하는 학자의 태도에 고개가 숙여진다. 독자들이 저자의 노고에 응답해준다면 옮긴이로서도 마음이 뿌듯할 것 같다.

2017년 7월

김경원

함께 읽으면 좋은 갈라파고스의 책들

『지식의 역사』
과거, 현재, 그리고 미래의 모든 지식을 찾아
찰스 밴 도렌 지음 | 박중서 옮김 | 924쪽 | 35,000원
• 한국간행물윤리위원회 선정도서 | 한국경제, 매일경제, 교보문고 선정 2010년 올해의 책

문명이 시작된 순간부터 오늘날까지 인간이 생각하고, 발명하고, 창조하고, 고민하고, 완성한 모든 것의 요약으로, 세상의 모든 지식을 담은 책. 인류의 모든 위대한 발견은 물론이거니와, 그것을 탄생시킨 역사적 상황과 각 시대의 세심한 풍경, 다가올 미래 지식의 전망까지도 충실히 담아낸 찰스 밴 도렌의 역작.

『물질문명과 자본주의 읽기』
자본주의라는 이름의 히드라 이야기
페르낭 브로델 지음 | 김홍식 옮김 | 204쪽 | 12,000원

역사학의 거장 브로델이 우리가 미처 알지 못했던 자본주의의 맨얼굴과 밑동을 파헤친 역작. 그는 자본주의가 이윤을 따라 변화무쌍하게 움직이는 카멜레온과 히드라 같은 존재임을 밝혀냄으로써, 우리에게 현대 자본주의의 역사를 이해하고 미래를 가늠해볼 수 있는 넓은 지평과 혜안을 제공했다. 이 책은 그가 심혈을 기울인 '장기지속으로서의 자본주의' 연구의 결정판이었던 『물질문명과 자본주의』의 길잡이판으로 그의 방대한 연구를 간결하고 수월하게 읽게 해준다.

『현대 중동의 탄생』

데이비드 프롬킨 지음 | 이순호 옮김 | 984쪽 | 43,000원

미국 비평가협회상과 퓰리처상 최종선발작에 빛나는 이 책은 분쟁으로 얼룩진 중동의 그늘, 그 기원을 찾아가는 현대의 고전이다. 종교, 이데올로기, 민족주의, 왕조 간 투쟁이 끊이지 않는 고질적인 분쟁지역이 된 중동이 어떻게 형성되었는지를 명쾌하게 제시해준다. 이 책은 중동을 총체적으로 이해하게 해주는 중동 문제의 바이블로 현대 중동 문제를 이해하기 위한 필독서다.

『푸코, 바르트, 레비스트로스, 라캉 쉽게 읽기』

교양인을 위한 구조주의 강의

우치다 타츠루 지음 | 이경덕 옮김 | 224쪽 | 12,000원

구조주의란 무엇인가에서 출발해 구조주의의 기원과 역사, 그 내용을 추적하고, 구조주의의 대표적 인물들을 한자리에 불러 모아 그들 사상의 핵심을 한눈에 들어오도록 정리한 구조주의에 관한 해설서. 어려운 이론을 쉽게 풀어 쓰는 데 일가견이 있는 저자의 재능이 십분 발휘된 책으로, 구조주의를 공부하는 사람이나 구조주의에 대해 알고 싶었던 일반 대중 모두 쉽고 재미있게 읽을 수 있는 최고의 구조주의 개론서이다.

철학 깡패

사소하지만 사소하지 않은 생각에 시비를 걸다

1판 1쇄 인쇄 2017년 7월 14일
1판 1쇄 발행 2017년 7월 21일

지은이 노야 시게키 | 옮긴이 김경원
기획 임병삼 | 편집 백진희 김혜원 | 표지 디자인 가필드

펴낸이 김경수 | 펴낸곳 갈라파고스
등록 2002년 10월 29일 제13-2003-147호
주소 121-897 서울시 마포구 토정로 13-1(합정동) 국제빌딩 5층
전화 02-3142-3797 | 전송 02-3142-2408
전자우편 galapagos@chol.com

ISBN 979-11-87038-21-4 (03100)

이 도서의 국립중앙도서관 출판예정도서목록(CIP)은 서지정보유통지원시스템 홈페이지(http://seoji.nl.go.kr)와 국가자료공동목록시스템(http://www.nl.go.kr/kolisnet)에서 이용하실 수 있습니다.(CIP제어번호: CIP2017016621)

한국출판문화산업진흥원의 출판콘텐츠 창작자금을 지원받아 제작되었습니다.

갈라파고스 자연과 인간, 인간과 인간의 공존을 희망하며, 함께 읽으면 좋은 책들을 만듭니다.